카리브해 혁명광복史

떠오르는 쿠바

시대를 이겨낸 쿠바의 영웅들은 "국가란 무엇인가"를 말하고 있다

이창주

도서출판 선인

책소개

이 책은 국제정치학자 이창주 교수가 2년여의 각고로 중남미 관문 카리브해를 품은 신비의 나라·영웅의 나라·혁명의 나라·작은 섬국가가 세계 최강 미국의 반세기 이상 계속된 온갖 억압과 방해를 견뎌내고, 사회주의라는 자신들이 선택한 생활방식, 체제, 주권을 지키며 사실상 미국의 항복을 받아 국제사회에 당당하게 복귀하고 있는 쿠바의 역사·혁명·정치·경제·사회·문화를 사실적으로 탐사하고 인문학적 접근으로 추적하여 집필한 대하 실록이다.

잔혹의 역사를 넘어 매혹의 문화 예술과 낭만 정열을 간직하며 영혼을 사로 잡는 쿠바사회의 저력과 모두가 평등하게 고난했고 가난하지만 찌듦이 없는 삶으로 진한 감동을 주고 있는 쿠바의 내재된 트라우마, 빛과 그림자를 저자는 시대적으로 파악하고 기술하였다. 이 책은 그동안 미국관점 중심의 외국 번역서에 의존해왔던 단편적인 쿠바에 대한 지식과 오해를 바로 잡고 쿠바의 모든 것을 쉽고 간략하면서 진실사적으로 과거 오늘 미래를 분석 전망하고 엮은 누구나 읽고 공부할 수 있는 쿠바 참고서이다.

저자는 빠르게 변해가는 세계의 흐름과 환경에서 여전히 아름답게 한발짝 물러서 자본주의 세계가 잃어버린 순수한 낭만과 열정 휴머니즘이 있는 오늘의 쿠바를 민중학적으로 서술하였다. 이 책은 혁명의 시대가 저물고 있다지만 민중을 향한 혁명은 자주적 광복으로 이어져 지금도 계속되고 있는 상황에서 국교정상화로 다시 상륙하는 미국의 양키이즘이 어떻게 어떤 모습으로 정치·경제·사회를 변질시킬 것인지를 우려하고 그런 쿠바의 상황을 인민, 사회적 현대사로 조명하고 그려 내는데 초점을 두어 집필된 한국 최초의 쿠바사이다.

잔혹의 역사 · 매혹의 문화
자주광복의 나라 쿠바

　쿠바는 민중 혁명가 피델 카스트로와 체 게바라, 쿠바인 보다 쿠바를 더 사랑했던 미국의 대 문호 어니스트 헤밍웨이의 위대한 흔적이 숨결하는 중남미 관문 카리브해를 품은 신비의 나라, 영웅의 나라, 혁명의 나라이다. 한반도 면적의 반, 인구 1100만의 카리브해 작은 섬 나라가 세계 최강 미국의 반세기 이상 계속된 온갖 억압과 방해를 견뎌내고, 사회주의라는 자신들이 선택한 생활방식, 체제, 주권을 지키며 사실상 미국의 항복을 받아 국제사회에 당당하게 복귀하고 있다.

잔혹한 역사를 견디어 오면서도 매혹의 문화 · 예술을 간직하며 영혼을 사로 잡는 땅, 쿠바는 국민들이 물질만능의 자본주의에 오염되지 않고 가난하면서도 행복하게 살아가는 휴머니즘이 생동하는 신비한 나라이다. 일반적인 사회주의 체제와 달리 국가 권력의 억압과 탄압 없이 쿠바인들은 쾌활하고 낭만적이며 친밀하고 자유롭게 산다. 쿠바 국민들의 삶이 행복하다는 것은 2009년 영국의 신경제재단(NEF)이 전세계 국가를 대상으로 삶의 만족도, 기대수명, 환경오염 정도 등을 종합적으로 평가한 국가별 행복도 지수 조사에서 쿠바가 7위를 차지한 결과가 설명해주고 있다. 쿠바 사람들은 가슴을 펴고 유쾌하게 거리를 걷는다. 거리에는 활기찬 살사 음악이 울려 퍼지고 흥겨운 춤이 가세한다. 고립된 인권탄압 독재국가 최빈국이라는 미국과 서방의 왜곡된 매도에도 쿠바는 안정적으로 자유와 주권이 살아 있는 독창적인 나라로 국민들은 행착하게 살아 가고 있다.

미국 때문에 국제사회와 오랜 단절 속에 시대에 동떨어져 압박을 당면서도 쿠바가 매혹하는 아름다운 것은 낡은 의자에도, 깜빡 거리는 전구에도, 빨랫줄에 걸린 후진 세탁물이 바람에 하늘거리는 것에도 구석구석 곳곳에 진한 삶과 사람냄새가 배어 있다는 것이다. 아바나의 노을 진 말레콘 방파제와 눈이 시리도록 파란 카리브해가 펼쳐진 바라데로 해변가, 헤밍웨이가 사랑했던 모히토와 진한 커피 향이 어우러진 쿠바의 카페, 거리 악사들과 관객의 춤은 쿠바인의 정열적인 사랑과 꿈을 보여주고 있다. 카리브해안의 매혹적인 자연풍광, 시간이 멈춘 듯한 고색창연한 도시들, 슬픔과 아름다움을 동시에 머금고 있는 문화 유산들, 쿠바는 확실히 독특하고도 아름다운 풍경을 가진 나라다. 지난한 역사, 문학적 유산 이 모든 것이 황홀한 카리브해를 배경으로 펼쳐진다.

여인보다 농민을 더 사랑했던 카스트로, 억압받는 민중해방 투쟁을 한 게바라의 쿠바 혁명사는 일류 평화 평등과 자주 주권 광복의 새로운 모델을 제시했다. 그런 쿠바에 자본주의가 공격하고 있고 미국 유럽 아시아가 각축하면서 쿠바로 향하고 있다. 모두가 평등하게 고난했고 가난하지만 찌듦이 없는 곳, 낭만과 행복의 문화와 예술이 살아 있는 곳, 쿠바가 어떤 모습으로 변하여 갈 것인가 이 의문을 우려하며 현장을 돌고 진실을 찾아 이 책을 쓰고 펴낸다. 쿠바에는 나라와 인민을 지키기 위해 시대를 고민하던 영웅들의 리더십과 헌신적인 행동, 민중들이 함께하는 진한 감동이 있다.

쿠바에는 300년간 잠자고 있던 라틴아메리카 사람들의 민족의식을 불러 일으켰으며 쿠바 독립의 최고 영웅으로 추앙 받는 혁명가이자 라틴아메리카 최고의 문호인 호세 마르티, 농민과 노동자 민중을 사랑하고 함께한 쿠바혁명의 지도자 피델 카스트로, 새로운 인간과 세상을 꿈꾼 체 게바라와 같은 거목들의 투쟁적 실행적 영웅적 흔적과 역사가 진하게 감동적으로 숨결하고 있다. 이들이 추구하고 실천한 광복과 혁명은 지금도 현재 진행형이다. 쿠바혁명사는 중남미뿐 아니라 세계 곳곳에서 제국주의에 저항하는 제3세계 민족운동 국민운동에 강력한 반향을 불러일으켰고 무상교육, 무상의료, 생태농업의 종주국이 된 쿠바는 라틴아메리카의 변화를 주도하는 국가 모델로 각광을 받고 있다.

20세기 슈퍼파워 미국의 홈 그라운드 아메리카에서 미국 제국주의의 압박 봉쇄 지배 야욕에 대항 도전해 온 쿠바 영웅과 인민들의 역사는 같은 길을 걸어온 중국, 베트남과 더불어 인류 3대 천지개벽의 장엄한 장정이자 주권국가 국민의 승리이다. 지난한 세월을 견디어 오며 아직도 가난한 시대를 가지만 찌들지 않는 일상으로 행복하게 살아가는 쿠바국민들을 부러워하지 않을 수 없다. 쿠바혁명은 강대국에서 억압받고 수탈당한 가난한 제3세계 나라가 민중혁명을 통해 자기 국민들을 먹여 살리고, 교육하고, 보건의료를 제공하는 일이 실제로 가능하다는 사실을 전 세계에 보여 주었다. 쿠바혁명은 미국의 절대적인 지원을 받는 친미독재자를 순수한 인민의 힘으로 완전히 축출하여 미국의 간섭에서 완전히 벗어나 독립국가로 우뚝 선 인류 유일의 세계적인 사건이다. 쿠바의 독립과 광복 혁명사가 외세들이 각축하고 긴장지대화하여 분단시대를 이어가고 있는 한반도에 주는 시사점이 적지 않다. 고단한 역사와 서러운 역사를 넘어 카리브해에 떠오르는 신비의 나라·영웅의 나라·국민의 나라 쿠바를 주목하자.

아바나 말레콘에서 이창주

차례

서문   4

I. 쿠바의 기원과 역사   10
1. 쿠바의 기원   13
2. 쿠바 역사   20
3. 쿠바 지정학   29
4. 쿠바 개황   36

II. 스페인 식민지배와 쿠바 독립 투쟁   42
1. 400년 스페인 식민통치   45
2. 쿠바 독립투쟁   51
3. 쿠바독립   55

III. 쿠바독립과 미국의 상륙   64
1. 미국의 상륙과 지배 간섭   67
2. 미국의 피그스 만 침공 (Bay of Pigs Invasion)   74
3. 쿠바 미사일 위기   77
4. 미국의 중남미 공작과 침공   84
5. 쿠바와 미국의 수교   90
6. 미국의 신 쿠바전략   95

IV. 쿠바혁명사   102
1. 혁명의 배경   105
2. 혁명과정과 사회주의 혁명   112
3. 혁명정부와 체제 개혁   125
4. 쿠바와 숨결 하는 4대 영웅 거목   135
5. 혁명 이후의 여정   162

V. 쿠바의 트랜지션(Transition) 170

   1. 쿠바의 대외관계 173

   2. 쿠바의 딜레마와 개혁 개방 178

   3. 쿠바의 신자유주의 시장경제 전망 182

   4. 쿠바는 아직도 혁명시대이다 187

   5. 미국은 왜 쿠바와 관계 정상화를 하였는가 193

VI. 쿠바국민의 빛과 삶: 사람냄새 물씬한 진짜 쿠바 200

   1. 쿠바 사회 203

   2. 쿠바 문화와 문학 211

   3. 낭만의 나라 쿠바음악 218

   4. 쿠바의 매력과 매혹 224

   5. 쿠바사람들의 가난한 행복 229

VII. 쿠바속으로 234

   1. 가보고 싶은 신비의 나라 237

   2. 생태농업 유기농의 메카 쿠바 243

   3. 슬프고 아름다운 역사를 찾아서 248

부록 : 쿠바의 한민족 디아스포라 278

끝을 맺으며 295

참고문헌 298

I

쿠바의 기원과 역사

1. 쿠바의 기원
2. 쿠바 역사
3. 쿠바 지정학
4. 쿠바 개황

1
쿠바의 기원

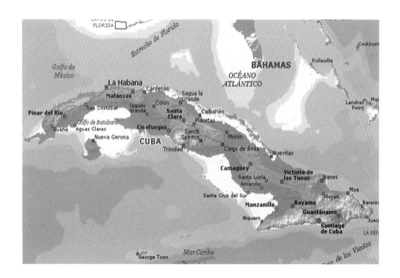

쿠바는 카리브해 최대의 섬나라로 세계에서 16번째 큰 섬이며 15세기 후반 1492년 10월 크리스토퍼 콜럼버스의 탐험으로 발견되었다. 스페인 식민통치가 시작되기 전 타이노인 같은 원주민들이 살고 있었지만, 스페인 지배 시기에 학살 질병 등으로 거의 소

멸되었다. 쿠바 섬은 남부·중부·북부 아메리카에서 건너온 원주민 후손으로 농경생활을 하는 타이노족, 수렵 채취 생활을 하는 시보네족 등 5만여 명의 원주민들이 평화롭게 거주했던 지역으로 역사 유물은 기록하고 있다. 1514년 쿠바 전 지역을 정복하고 식민지 체제를 확립한 스페인은 기독교로의 개종에 저항하는 원주민을 억압하고 인디언에 대한 노예화를 단행하였다. 혹독한 착취와 유럽인이 가지고 온 질병에 의해 원주민 인디언 인구는 수천명의 명맥만 유지하는 수준까지 감소하였고 가혹한 노동 등으로 혹사당한 원주민들은 1528년의 대 스페인 반란, 1530년의 악성 유행병 등을 거치면서 1세기 만에 거의 사라졌다.

▲ 쿠바 정복자들의 침공과 원주민 학살(쿠바역사도감 그림)

▲ 쿠바 정복자들의 침공과 원주민 학살(쿠바역사도감 그림)

1492년 10월 콜럼버스가 쿠바를 발견했을 때 환희와 감동은 '지상 최대의 아름다운 땅', '풍요로운 땅'이었다. 철과 니켈의 보유량은 세계에서 가장 중요한 지하자원으로 손꼽힐 만큼 방대하게 축적되어 있었다. 그러나 쿠바는 유럽과 미국의 침공 약탈무대가 되어 고난한 역사를 이어왔다.

콜럼버스가 쿠바를 발견한 후 탐험가들의

군대들은 철제갑옷, 총, 칼, 금속활로 무장하여 정복자들에 대해 단지 나무와 돌, 나무활로 저항하는 원주민들을 피로 물들이는 학살을 하며 정복을 하였다. 경작을 했던 타이노(Taínos) 족, 수렵과 낚시를 했던 수브타이노(Subtaínos) 족, 혈거 생활을 했던 구아나 아타베예스(Guanahatabeyes) 족 등 원주민들은 백인들이 섬을 점령한 이후 노예화되었고 가혹한 학대와 중노동, 학살, 유럽 질병의 유입, 아사(餓死) 등으로 소멸 되어 갔다.

▲ 쿠바로 밀려온 유럽 침략자들(쿠바역사도감 그림)

콜럼버스에 의해 1492년 발견된 쿠바는 스페인의 식민지로 라틴 아메리카 관문이자 카리브해의 중요한 거점이었다. 아메리카 대륙의 독립운동이 활발해지며 1776년 미국 독립전쟁, 1804년 아이티를 시작으로 아메리카 각국이 독립해 갔지만 쿠바는 최후까지 스페인 식민지로 남아 있었다. 1868년부터 1878년까지 벌어진 10년 독립전쟁으로 자치령임을 인정받았으나 독립되지 못하고 1895년에 2차 독립전쟁이 시작되었다. 1898년 메인호 폭파사건을 기회로 쿠바 독립전쟁에 뛰어들어 대 스페인 전쟁에서 승리한 미국이 스페인으로부터 쿠바 지배권을 넘겨 받고 군정을 실시하며 쿠바는 미국의 통제 아래 들게 되었다. 1902년 미국은 쿠바를 독립시켰으나 관타나모를 미 해군 군사기지로 만들었고 쿠바를 정치 경제적으로 식민지화 하였으며 쿠바혁명이 성공하자 쿠바 붕괴시도와 제재 압박으로 쿠바를 세계사의 변방으로 몰아갔다.

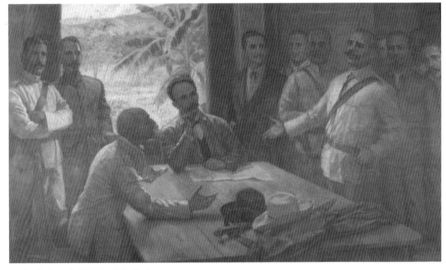

▲ 호세 마르티 독립군 진영 회의

쿠바 주요 연도별 사건

1492년	콜럼버스 신대륙 쿠바 발견. 아프리카 노예 유입 시작
1762년	영국 스페인축출 쿠바 점령 1년여간 지배 스페인 점령지 플로리다 영국이양 쿠바 재점령
1886년	스페인 노예제 폐지
1895년	호세마르티 독립전쟁 주도
1898년	미국과 스페인 전쟁 미국 승리 파리조약으로 미국 쿠바지배권 확보
1899년	미국 쿠바 군정 실시
1902년	쿠바 독립 토마스 에스트라다 팔마 초대 대통령 취임
1903년	미국 관타나모 해군기지 설치 쿠바 중추적 기능 미국자본 장악
1952년	풀헨시오 바티스타 군부 쿠데타 정권 장악
1955년	29세 피델 카스트로, 28세 체 게바라 망명지 멕시코에서 만남, 혁명군 조직
1959년	쿠바 혁명 성공 친미 풀헨시오 바티스타 군사독재 축출 혁명정부 등장
1961년	미국과 국교 단절
2015년	미국과 국교 정상화

2
쿠바 역사

쿠바에는 수 천년 전에 타이노족 등 원주민이 농경을 영위하고 있었으나 크리스토퍼 콜럼버스가 쿠바에 건너온 이후, 19세기까지 스페인의 식민지로 있었다. 스페인 정복이 이루어진 이후에 쿠바는 남미로 가는 스페인의 관문으로서 역할을 하게 되었다. 16세기 초부터 스페인들은 아프리카의 흑인 노예를 끌고 와 19세기까지 쿠바에 들어온 흑인 노예의 수는 100만 명이 넘었다. 스페인의 가혹한 탄압으로 17~18세기에는 흑인들이 여러 차례 반란을 일으켰으나 번번히 참혹하게 진압되었다. 1898년 미국의 메인호가 아바나 항에 정박 중 폭발한 사고로 인하여 발생한 미국과 스페인 전쟁이 미국의 승리로 끝나면서 스페인은 쿠바를 미국에 넘겨주었다. 종전 후 3년 동안 쿠바에서는 미군의 군정이 실시되었고 1903년에는 관타나모에 미국 해군 기지를 설치하고 쿠바의 중추적 기능을 미국자본이 장악하는 등 쿠바는 사실상 미국의 수탈적 식민지가 되었다. 쿠바혁명 이전에 종속적 친미독재 정권하에서 미국의 영향력은 절대적이었다. 스페인 식민통치시대 이후 쿠바와 미국의 관계는 쿠바의 역사에 매우 지난하고 험난한 영향을 끼쳤다. 미국은 끊임없이 쿠바를 소유 지배하려고 넘보았다.

▲ 변치 않는 아름다운 카리브해 쿠바 바다

쿠바는 독립국가가 되었지만 1930년 이후 10여년간 계속 군사 정권이 들어섰다. 1940년 쿠바 공산당의 바티스타는 군부와 미국 및 미국계 노동조합의 지지를 받으며 선거와 쿠데타로 부침을 거듭하며 정권을 획득, 쿠바사회와 경제를 미국자본의 수탈적 예속

화로 만들며 극심한 빈부격차를 형성하여 인민들의 삶을 피폐하게
하였다. 이에 저항하는 민중반란 세력들이 투쟁적으로 조직화되면
서 1959년 피델 카스트로가 혁명을 일으켜 정권을 장악하고 1961
년 사회주의 국가를 건설하였다. 성공한 혁명이 사회주의 국가임
을 천명하자 미국은 쿠바를 침공하였으나 실패하였고, 1962년 쿠
바 미사일 위기로 미국은 쿠바를 침공하지 않겠다고 약속하였다.
1970년대 쿠바는 볼리비아, 앙골라 등의 무장 봉기를 지원하며 혁
명의 여세를 펼쳐 나가자 미국은 이에 대응하여 독재부패자들을
원조하며 쿠바를 무력화 하는 온갖 수단을 동원하였다. 1989년 소
련의 붕괴로 쿠바는 소련의 지원을 받을 수 없게 되자 심각한 경

▲ 쿠바 점령군들

제난에 직면하게 되고 고난의 시대를 겪게 된다. 이 틈을 이용하여
미국은 쿠바붕괴를 위한 정치 경제적 봉쇄작전을 펼친다. 라틴아
메리카에서 경제적으로 선진적 위치를 누리던 쿠바는 이른바 고난
의 시대인 특별시기를 거치게 된다.

◼ 12명의 혁명군으로 혁명을 성공시키다

▲ 초기 혁명 전사들(체 게바라 팀)

1956년 11월 25일 오전 1시 30분 군사 상륙용이 아닌 노출이 적
나라한 하얀색 요트인 그란마호를 타고 82명이 멕시코 탐피코 남

쪽 툭스판항을 출발하는 무모한 도전이 시작되었다. 이들은 쿠바의 아리랑 〈관타나메라〉를 부르며 쿠바로 향했다. 그러나 늪지에 좌초되어 준비한 군수품 조차 제대로 챙기지 못하고 대부분의 군사물품을 남겨둔 채 상륙했지만 그란마호가 정부군에 발견되어 대대적인 공격을 받고 82명 중 겨우 12명만이 시에라 마에스트라 산맥(Sierra Maestra)의 산 속에서 가까스로 합류했다. 다행이 지하조직원을 만나 혁명군은 30여 명으로 늘어났다.

▲ 카스트로 쿠바 혁명군의 베이스 시에라 마에스트라 산맥

  3만여 명 수준의 현대식 무기로 무장한 육해공군 정부군을 상대로 제대로 군사훈련도 받지 않은 몇 십 명의 전사들이 무장혁명을 감행한 것은 달걀로 바위를 깨겠다는 어처구니 없는 도전이었다. 이러한 혁명군에 농민들이 가담하기 시작했다. 지극히 열악한 환경에서 혁명군은 약탈이나 일탈을 하지 않고 농민들과 소통하고 협력하였다. 특히 피델 카스트로의 농민사랑은 지극했다. 체 게바라는 산속에서 혁명군들과 합류한 농민 자녀들을 훈련시키고 교육하였다.

▲ 쿠바 여군들의 군사 퍼레이드

소수의 혁명군은 1957년 1월 라 플라타 병영을 습격하여 무기를 획득하고 300여 명의 게릴라 부대로 투쟁전력을 신장하여 시에라 마에스트라 산 주변을 장악했다. 이들은 시에라 마에스트라 산악지방을 가로지르는 라 플라타강 하구에 위치한 라 플라타 병영을 습격하여 최초의 승리를 거두었다. 라 플라타 병영 습격성공은 혁명군 최초의 승리를 넘어 혁명 세력을 확장하고 산속과 도시에서 통일전선을 구축하는 계기가 되었으며 쿠바혁명의 아이콘 체 게바라가 쿠바사회에 알려지는 시작이었다. 피델 카스트로의 불굴에 넘치는 혁명정신은 혁명세력들의 전의를 충만하게 하였다. 게릴라전이 전국으로 퍼져 나갔다. 1958년 해방구 시에라 마에스트라로부터 7·26 운동이 쿠바사회에 전파되자 인민들의 혁명지지가 줄을 이었다. 1958년 4월 쿠바를 구하기 위한 총파업이 진행되었지만 실패로 끝나고 바티스타 정권의 폭악통치는 더욱 심해졌다. 1958년 7월 20일 다양한 혁명세력들의 연합전선이 구축되고 피델 카스트로를 정점으로 한 일사분란한 혁명전선이 갖추어 졌다.

1958년 8월 21일 체 게바라의 게릴라부대는 씨엔푸에고스의 지원을 받아 산타 클라라를 장악하러 출발했다. 체 게바라와 씨엔푸에고스는 각각 250명의 베테랑을 뽑아 2개 부대로 편성 출정을 감행하였다. 성탄절 저녁에 체 게바라는 상 스피리트를 장악했고 다음날 피델 카스트로는 팔마 소리아노를 장악했다. 체 게바라가 산타 클라라로 진군하자 정부군이 투항하면서 산타 클라라가 혁명군에 의해 점령되었다. 이렇게 되자 바티스타 군대에 무기를 공급하고 군대를 훈련시켜준 미국은 바티스타 군대에 무기 공급을 중단했다. 1959년 1월 1일 새벽 바티스타는 부정축재로 모은 약 3억 달러를 갖고 비행기로 쿠바를 탈출하여 도미니카공화국으로 도주했다.

1959년 1월 2일 피델 카스트로는 산티아고로 진군하여 몬카다 병영을 장악하고 같은 날 체 게바라와 씨엔푸에고스는 아바나에 입성했다. 1월 8일 피델 카스트로가 아바나에 입성하여 쿠바혁명은 성공적으로 끝이 났다. 약관 32세의 피델 카스트로가 쿠바의 지도자로 부상한 날이다. 혁명에 성공한 카스트로와 게바라는 최소한의 반 혁명분자 처단으로 혁명 후유증으로 일어나는 보복적 유혈사태를 방지하고 인도주의적 인민주의적 평정으로 혁명정부를 꾸렸다.

당시 〈뉴욕 헤럴드 트리뷴〉은 "쿠바혁명은 결코 자본주의적이지도 공산주의적이지도 않으며, 단지 쿠바적이며 인간적일 뿐이다"라고 평했다. 진정한 사회주의 혁명이 처음으로 공산주의자가 아닌 혁명군에 의해 건설되었다. 혁명 초기에 그들에겐 확립된 이데올로기는 없었다. 단지 부패한 정권을 무너뜨리려 한 것이다. 미국이 피델 카스트로를 공산주의자라고 규정하고 축출시도와 침략을 하자 혁명정부의 사회체제가 우호적인 소련과 협력하면서 사회주의 길로 가게 된 것이다.

피델 카스트로 전 쿠바 국가평의회 의장은 2014년 12월 17일 쿠바가 미국과 관계개선을 선언한 이후 공산당 기관지 〈그란마〉에 실린 편지에서 "정치적 적대세력을 포함한 전세계 국민과 항상 협력하고 우정을 나눠야 한다." "나는 미국의 정치를 믿지 않으며 그들과 대화한 적도 없다. 그러나 이것이 갈등의 평화적 해결을 거부하는 것은 아니다."라며 "라울 카스트로 후계자가 부여 받은 권한에 맞게 적절한 조처를 취했다."고 긍정적으로 평가 했다.

쿠바 사람들은 지금도 피델 카스트로를 혁명 당시의 직함인 사령관으로, 라울 카스트로를 국방장관으로 부르고 있다. 많은 이들이 지금도 피델 카스트로에 대한 존경심을 갖고 있는 것이다. 아바나에 있는 혁명박물관 1층에는 피델 카스트로의 혁명과 쿠바를 사랑하는 한편의 글이 있다.

"쿠바 역사에서 완전히 새로운 여정이 시작됐다. 이 길은 멀고 험할 것이다."

3
쿠바 지정학

지리적으로는 북쪽에 미국 플로리다 반도, 서쪽에 멕시코 본토, 동쪽에는 아이티, 남쪽으로는 자메이카를 이웃으로 두고 있는 아메리카 대륙의 바로 남쪽에 동서로 길게 자리한 나라가 쿠바이다.

인구는 약 1200만 명(2014년), 국토 면적은 약 11만 1000㎢으로
한국보다 조금 넓다. 아메리카 최초이자 현재까지 최후의 공산주
의 국가를 유지하고 있다. 1인당 GDP는 2013년 기준 6,536$로
현재 사회주의 국가 중에서는 가장 높은 축에 속하며 인접국인 카
리비안 다른 나라들에 비해 높은 수준이다. 쿠바가 미국으로부터
반세기 이상 정치 · 경제적으로 강력한 봉쇄 압박 경제제재를 받고
있었음에도 불구하고 자주 자립 생존을 지켜온 역사는 쿠바 국가
운영의 저력이다. 신대륙으로 향하는 노예무역의 중심지이자, 세
계 무역시장에서 각광받던 설탕(사탕수수)의 주산지였기 때문에
강대국의 침탈야욕이 끝이지 않았다.

　쿠바는 아메리카 대륙 유일의 사회주의 국가이며 민중혁명을 성
공시키고 이웃 슈퍼강국 미국에 맞서며 주권을 지켜온 나라로써
라틴아메리카에서 정치 · 경제적으로 위상을 갖고 있다. 아메리카
대륙에 걸쳐 있는 카리브해의 관문이고 중심국가이다. 라틴아메리
카는 라틴어에 뿌리를 두고 있는 아메리카 지역이다. 일반적으로
중앙아메리카와 카리브 제도, 남아메리카를 말하며 중남미라고도
부른다. 쿠바를 발견한 콜럼버스는 죽을 때까지 자기가 도착한 곳
이 인도의 어느 한 곳이라고 믿었다. 15세기 유럽인들은 지구란 유
럽, 아시아, 아프리카로만 구성되어 있다고 믿었다. 아메리카를 네
차례 항해하였던 아메리고 베스푸치는 이곳이 인도가 아닌 새로운
대륙으로 표기했고 아메리고의 이름을 따서 아메리카가 되었다.
아메리카대륙은 지리적 측면이 아닌 문화적 측면에서 구분하여 캐

나다와 미국을 중심으로 하는 앵글로 아메리카(Anglo América)와 중남미 라틴 문화권이라는 공통의 문화적, 역사적 배경을 지닌 라틴 아메리카(Latin América)로 되었다. 국제기구에서는 중남미 국가들을 '라틴아메리카와 카리브 국가들'(Latin America and the Caribbean Countries)이라는 명칭을 사용하고 있다. '카리브'라는 명칭은 콜럼버스의 북미 대륙 도착 100년 전부터 선주 했던 카리브족의 이름에서 유래한다. 카리브해의 총 면적은 약 275만

▲ 캐리비안 관문 쿠바

4000km²(106만 3000 평방 마일)이다. 카리브해 남쪽을 남미로 서부를 중앙아메리카로 부른다. 카리브해 전역을 '카리브 지방'이라고 부른다. 카리브해는 다도해로 '카리브 제도' 또는 '카리브해 제도'라고 부른다.

카리브 지역은 1492년 크리스토퍼 콜럼버스가 발견한 이래 스페인, 영국, 프랑스 등의 식민지 쟁탈의 장이 되어 식민시대에 유럽과 아메리카를 이어주는 해상교통의 요충지로 유럽 강대국들의 진출 각축장이 되었다. 이런 역사적 배경으로 인해 이 지역은 해적 활동의 주요 무대가 되기도 하였다. 카리브해는 중앙아메리카에 위치하면서 북아메리카에도 속하는 바다로 대서양과 멕시코 만에 접하고 있는 북아메리카, 중앙아메리카, 남아메리카 사이에 위치한 바다이다. 중남미 전체를 기준으로 북쪽에 위치해 있다. 유럽인들이 이주해오던 초기 서인도 제도(West Indies)라고 불렸는데 아메리카 원주민을 '인디언'이라고 부르던 것에 유래되었다. 북쪽으로 쿠바와 아이티, 도미니카 공화국, 미국령 푸에르토리코가 있고, 서쪽으로는 멕시코, 벨리즈, 과테말라, 온두라스, 니카라과가 있으며, 서남쪽으로는 코스타리카, 파나마 그리고 남쪽으로는 콜롬비아와 베네수엘라를 보고 있다.

카리브해는 지정학적으로 동쪽의 대서양과 서쪽의 태평양을 잇는 교차점에 위치한 바다이기도 하다. 콜럼버스가 발견하고 '세상에서 가장 아름다운 지상 낙원'이라 극찬했던 쿠바가

▲ 스페인 식민지 시대 카비브해의 관문 쿠바 수도 아바나 성

카리브해의 관문이자 중심이다. 쿠바는 동서길이 약 1,300km, 남북길이 약 70~200km의 기다란 섬으로 총 면적이 한반도의 절반 정도이며 열대성 기후로 고온 다습한 정글스러운 환경이다. 카리브해에 떠있는 붉은 섬, 카리브해의 진주 등 여러가지 별명을 갖고 있는 쿠바는 사회주의 국가이면서도 낭만과 자유가 넘실거리는 매력이 있는 나라이다. 1991년 쿠바의 후견국이던 소련연방이 해체되고 미소냉전 시대가 끝나자 1992년 미국이 '쿠바 민주화법'을 제정해 국내외의 모든 미국의 영향을 받는 국가 단체 기업들의 쿠

바 거래 협력을 봉쇄하고 적극적인 쿠바 몰락을 시도하였으나 성공하지 못하였다.

최초의 발견자들이 '서인도'라고 하다가 정복자들이 카리브해로 정정하면서 쿠바의 기원이나 역사는 비어있었다. 그러나 쿠바는 정복 시대부터 유럽과 아메리카를 잇는 관문으로서 중요한 역할을 담당했다. 식민지 시대 카리브해에 위치하여 구세계와 신세계의 관문 역할을 하면서 새롭고 다양한 외부 문물과의 접촉을 용이하게 해 주었던 쿠바의 지리적 위치는 라틴아메리카의 중요한 문화적 거점으로 자리잡게 되었다. 지리적으로 국토를 분열시키는 장애가 없었다. 그래서 쿠바는 지리적 상황 덕분에 항상 풍요로웠고 공고했다. 스페인 지배자들은 정치체제, 종교, 풍습, 인종 등 모든 분야에서의 혼합정책을 시행하였다.

1959년의 카스트로 혁명 이후 아메리카 대륙 최초의 공산 정권이 들어서므로써 전 세계적인 관심의 초점이 되어왔다. 공산주의 나라 가운데 공산주의를 생각나게 하는 사회주의, 인민, 민주 등이 국가명칭으로 쓰이지않은 유일한 공산주의 나라로서 국명도 사회도 공산주의 냄새가 묻어나지 않는다. 다른 공산주의 국가들처럼 국가원수를 존엄화 하고 동상을 세우지 않는 나라다. 그래서 쿠바에는 피델 카스트로 동상이나 거리이름 도시이름 등이 아예 없다. 피델 카스트로가 동생 라울 카스트로에 권력을 이양 했다고 하여 미국과 친미국가들이 형제 권력세습이라고 하지만 이는 사실이 아니며 라울 카스트로는 피델 카스트로, 체 게바라와 함께 혁명전사이고 지도자였으며 중심 인물 중 하나이기 때문에 가능했던 것이다.

통상적으로 혁명은 그 나라 정치사의 스펙트럼이지만 쿠바혁명은 이념과 좌우의 진영이 아닌 사회사와 문화사의 궐기였다. 그래서 오늘의 사회주의 쿠바는 문화와 문학, 음악과 영화 예술 일상생활의 거의 전 영역을 망라하여 자유스러운 쿠바 사회의 다양한 속살을 드러낸다. 세계는 쿠바의 변화에 관심이 쏠려있다. 쿠바의 사회주의가 붕괴할 것인가 중국처럼 변화할 것인가 또는 제3의 길로 나아갈 것인가 하는 세가지가 중요 관점이다.

4
쿠바 개황

    쿠바에는 수천년 전에 타이노족 등 원주민이 농경을 영위하고 있었으나, 15세기에 크리스토퍼 콜럼버스가 쿠바에 건너온 이후 19세기까지 스페인의 식민지로 있었다. 16세기 초부터 스페인 사람들은 아프리카의 흑인 노예를 수입하여 19세기까지 쿠바에 수입된 흑인 노예의 수는 100만 명에 이르렀으며 17~18세기에는 흑인들이 여러 차례 해방투쟁을 일으켰으나 스페인의 가혹한 탄압으로 좌절되었다. 미국은 카리브해 관문으로 중심국가이자 지정학적 이웃국가인 쿠바를 끊임없이 지배하려고 괴롭혔고 쿠바의 역사에 매우 고단한 영향을 끼쳤다.

    쿠바는 카리브해 군도의 주요 섬이다. 지형은 대부분 평탄하거나 구릉이 있는 평야이지만 쿠바 섬 남동쪽 끝에 위치한 시에라 마에스트라 산맥은 험준하고, 가장 높은 곳은 높이가 1,975m이다. 쿠바의 기후는 열대에 속해 연중 불어오는 북동쪽의 무역풍으로 온화하면서 무덥다. 지역차가 있지만 일반적으로 11월에서 4월까지는 건기이며, 5월부터 10월까지는 우기이다. 평균 기온은 1월에는 21~23℃, 6월에는 28~32 ℃이다.

쿠바의 가장 중요한 광물 자원으로는 니켈과 코발트가 있다. 또한 약 100억 배럴의 석유를 생산할 수 있는 매장량을 가지고 있어 2006년부터 시험 시추를 시작하였다. 쿠바의 경제에서 기본은 사탕수수 생산이다. 사탕수수 재배 면적은 경작면적의 4분의 1을 차지하며 사탕수수는 수출총액의 80~85%를 차지한다. 사탕수수의 생산은 국민총생산의 25%를 차지한다. 쿠바 시가는 세계 최고품 담배로 주요 수출품이다. 그밖에 커피, 레몬, 코코아, 파인애플, 목화, 채소류 등 다양한 농산물을 생산 수출하고 있다. 이른바 쿠바의 유기농 플랜테이션 경작이다. 이 덕분에 쿠바는 100세 인구가 100만 명당 346명으로 장수 국가다. 세계에서 가장 나이가 많은 생존자로 기네스협회에 등록된 사람도 쿠바인이다. 라울 카스트로 정권은 외화수입원이 되는 관광 산업 육성을 위해 민간 개방이라는 자본주의적 요소정책을 시행하고 있다. 그러나 2012년 각 산업 부문을 민간에 개방하면서도 관광산업은 정부 독점체제를 유지해 오고 있다. 관광산업은 쿠바 대표산업이자 주 외화 소득원으로서 연간 250만 명의 관광객들이 쿠바를 방문하고 있는데 미국 수교와 유럽인들의 행렬로 향후 년간 500만 수준이 넘을 것으로 예측되고 있다. 2012년 9월 기준 전체 인구 1100만명 중 자영업자는 45만여명으로 경제에서 민간부문이 차지하는 비중이 2% 정도로 아직은 극히 미약하다. 여전히 계획경제 통제 시스템으로 계급 특권을 부정하고 있다.

▲ 아바나 노동절 퍼레이드

　정치 체제는 사회주의 공화국으로 임기 5년의 국가원수는 국가
평의회 의장과 국무위원회 의장을 겸하며 입법기관으로는 인민주
권민족회의(Asamblea Nacional del Poder Popular)가 있다. 국가
평의회는 인민주권민족회 위임의 입법 기능을 수행하고 국무위원
회는 행정을 담당한다. 국가평의회와 국무위원회의 구성원은 인
민주권민족회의에서 선출한다. 인민주권민족회의 대의원은 지역
선거구 단위로 인민들이 선출하며 5년 임기로 609명의 대의원으

로 구성되어 있다. 쿠바의 정당은 쿠바 공산당(PCC)이 있고 쿠바의 행정 구역은 아바나 시(La Habana) · 피나르델리오 주(Pinar del Río) · 아르테미사 주(Artemisa) · 마야베케 주(Mayabeque) 마탄사스 주(Matanzas) · 시엔푸에고스 주(Cienfuegos) · 비야클라라 주(Villa Clara) · 상크티스피리투스 주(Sancti Spíritus) · 시에고데아빌라 주(Ciego de Ávila) · 카마궤이 주(Camagüey) · 라스투나스 주(Las Tunas) · 그란마 주(Granma) · 올긴 주(Holguín) · 산티아고데쿠바 주(Santiago de Cuba) · 관타나모 주(Guantánamo) · 후벤투드 섬(Isla de la Juventud) – 특별 자치체 1개 시, 14개 주(provincia), 1개 특별 자치체로 구성되어 있고, 각 주는 크고 작은 시단위로 세분화 되어있다. 사법권을 행사하는 최고기관은 쿠바 최고인민법원(Tribunal Supremo Popular)이다. 쿠바는 군사화된 국가로 국가 자원의 큰 부분을 군대의 설립과 유지를 위해 사용되며 따라서 군부는 쿠바체제의 핵심이라고 말할 수 있다.

쿠바 국민은 500여 년 전에 스페인 사람들이 원주민 인디오를 멸종시켰기 때문에 대부분의 인종 구성은 백인 정착자와 흑인 이주민으로 이루어져 있다. 백인의 선조들은 스페인 사람과 다양한 라틴아메리카 출신들이다. 18세기, 19세기 그리고 20세기 초반에 카나리아 사람, 카탈로니아 사람, 안달루시아 사람, 갈리시아 사람 그 밖에 다른 스페인 사람들이 쿠바 이주의 거대한 물결을 이루었다. 그 밖에도 아일랜드인, 영국인, 프랑스인, 이탈리아인, 포르투

갈인, 러시아인, 한민족을 포함한 일본계, 중국계, 아시아 이민자 등 다양한 인종들이 쿠바에서 살고 있다. 쿠바 인구 중 절반인 51%가 스페인계 백인이며, 흑인과 백인 혼혈 37%, 흑인 11%, 나머지는 다른 다민족이다. 출산율은 낮은 수준이다. 쿠바 전체의 인구는 1961년의 약 7백만명에서 현재의 1100만명으로 꾸준히 증가하였다. 그러나 증가율은 지난 수십 년간 둔화되었다. 쿠바에서 이혼은 자유로우며 이혼율은 캐리비안 라틴아메리카 지역에서 최고이다.

▲ 쿠바 거리의 젊은이들

　사회복지는 무상교육과 무상의료, 국민배급의 최고 시스템으로 학생이 10명 이하인 학교가 2천여 개에 달하고, 의사들의 의료기술은 선진국 수준이다. 하지만 경제환경으로 의약품 개발이나 의료 설비는 뒤쳐지고 있다. 주민들의 해외 여행도 여행자유화를 실시하고 있다. 쿠바 국민의 대부분이 스페인이나 아프리카로부터 이민 왔기 때문에, 쿠바의 문화는 스페인과 아프리카의 전통 문화로부터 영향을 받아 그것들이 혼합되어 있다는 특징이 있다. 쿠바혁명으로 사회주의 국가가 된 후 쿠바정부는 종교를 탄압했으나, 현재는 종교의 자유를 허용하고 있다. 쿠바 음악은 스페인계와 아프리카계의 음악이 융합해 태어난 것을 기반으로 여러 요소가 서로 섞여서 만들어진 것으로서 라틴 음악의 중추적인 존재이다. 미국의 재즈도 20세기의 쿠바 대중 음악에 큰 영향을 주었다.

II

스페인 식민지배와 쿠바 독립 투쟁

1. 400년 스페인 식민통치
2. 쿠바 독립투쟁
3. 쿠바독립

1
400년 스페인 식민통치

1898년 미국과 스페인 전쟁의 결과 쿠바가 미국에 넘어가기 전까지 쿠바는 1511년부터 1898년까지 400여년간 스페인의 식민지 지배를 받았다. 이 기간 중 영국과 프랑스 등 다른 유럽 국가들이 카리브해의 스페인 지배를 위협하였는데 1655년에 영국이 자메이카를 차지하고 아이티는 1697년에 프랑스가 점령하였으며 쿠바 역시 계속해서 공격의 위협을 받았다. 영국 군대는 1762년 6월 6일 쿠바를 침입하여 아바나를 포위하고 11개월 동안 점령하였다. 이러한 역사로 인해 쿠바에는 유럽 약탈자들간의 침공 방어를 위한 요새들이 구석구석 산재해 있다.

1492년 콜럼버스가 신대륙을 발견한 이후, 쿠바가 스페인 영토로 선포되고 식민지 지배체제가 되면서 1511년 초대 총독인 디에고 벨라스케스(Diego Velázquez de Cuéllar)가 쿠바 동부 연안에 위치한 관타나모 주의 바라코아(Baracoa)에 중남미 최초의 스페인 정착지를 세웠다. 스페인은 쿠바를 7개의 자치제로 나누고 멕

▲ 아바나 스페인 요새(쿠바 역사도감 그림)

시코 진출을 비롯한 스페인의 중앙아메리카 탐험의 근거지로 만들었다. 이로부터 쿠바는 식민지 시대 동안 아메리카와 스페인 본국을 연결하는 교역의 관문으로 핵심기지 역할을 했다.

▲ 스페인 식민지시대 쿠바어린이 학교

스페인 식민지 시절 쿠바 경제의 기반은 담배 · 사탕수수 · 커피 재배 등이 주가 되었는데 이들 생산품을 유럽과 북아메리카로 수출하였다. 아프리카에서 데려온 수만 명의 노예들 덕분에 1820년까지 쿠바는 세계에서 가장 많은 설탕을 생산하는 국가였다. 소수의 스페인계 후손인 지주들이 막대한 이윤을 거두어들여 사회적·경제적 권력을 행사하였다. 쿠바 경제 산업의 부는 쿠바에서 태어난 스페인사람과 스페인 본토 출신의 사람들이 독점하였다. 쿠바는 스페인과 아메리카대륙을 잇는 교통 요지의 기지화 되어 스페인은 이곳을 총독령(總督領)으로 만들고 신대륙 경영의 기지로 삼았다. 이에 대항하여 17~18세기에는 흑인들이 여러 차례 반란을 일으켰으나 스페인의 가혹한 탄압으로 참혹한 희생만 당하였다. 19세기 초 아메리카대륙에서 일어난 미국독립혁명의 영향을 받아, 1820년대 라틴아메리카에 있는 스페인 제국의 다른 지역들이 봉기하여 독립 국가를 형성했을 때, 쿠바에도 영향을 미쳐 1812년에도 대규모 흑인반란이 일어나는 등 독립을 위한 움직임이 없지 아니하였으나 스페인에 대한 충성을 따르는 식민부역세력 때문에 번번히 무참하게 학살만 당했다.

▲ 스페인 부호들의 행사

▲ 스페인 식민통치 시대의 아바나 중심가

2
쿠바 독립투쟁

1810년대부터 쿠바를 제외한 중남미지역의 스페인 식민지들은 점차적으로 독립을 쟁취하였으나, 쿠바는 지리적 · 경제적 특성상 스페인이 끝까지 식민지 지배의 야욕을 버리지 않았다. 이러한 이유로 스페인은 쿠바의 정치적 자치를 허용하지 않고 착취 수탈 조세부담 등 가혹한 통치를 하자 1868~1878년 동안 제1차 쿠바 독립 전쟁인 10년 전쟁이 일어났다. 그러나 스페인 정부의 강력한 공격으로 1차 독립투쟁은 좌절 되었다. 제1차 쿠바 독립 전쟁의 시발을 주도한 인물은 카를로스 마누엘 데 세스페데스(Carlos Manuel de Céspede)이다. 세스페데스는 19세기 1843년에 스페인에서 시작된 혁명 운동에 참여하고 1867년 스페인에서 독립을 위한 비밀 결사 '부에나페'를 결성하여 투옥 석방된 후 쿠바로 귀국하였다. 동부 야모 근교에서 설탕 농장 지주와 변호사로 활동하다 농장에서 일하는 노예를 해방시키고, 147명의 반군을 조직하여 1868년 10월 10일에 37명의 동지와 함께 행동을 시작하였다. 제2차 독립운동을 주도한 사람은 스페인으로 추방당한 후 프랑스, 미국, 멕시

▲ 스페인 독립운동 진압부대

▲ 쿠바독립군

코, 아르헨티나 등을 돌면서 문필 활동으로 라틴아메리카 사람들의 민족의식과 새로운 공동체 문화를 제창하며 라틴아메리카 모든 국가의 스페인으로부터의 독립을 외친 쿠바의 독립 운동의 영웅이며 혁명가로 유명한 문학가 호세 마르티(José Julián Martí)이다. 이들은 각각 독립전쟁을 일으켰으나 스페인은 쿠바의 자치를 허용하지 않았고, 군사 통치자 발레리아노 웨일러(Valeriano Weyler)는 무자비하게 진압하였다.

19세기 미국 남부 출신의 정치인들은 미국 내 흑인 노예제도 옹호의 세력을 강화하고자 쿠바를 합병할 음모를 세웠고, 쿠바 반란군은 미국으로 망명해 스페인 식민 정부를 전복하려는 계획으로 플로리다로부터 쿠바를 침입하여 합병하려는 시도를 여러 번 했었다. 그 후 노예제도 폐지와 독립을 요구하는 세력이 확산되자 1868년 10월에 카를로스 마누엘 데 세스페데스가 이끄는 독립세력들이 스페인으로부터 쿠바 독립 투쟁을 행동화 하기 시작하였다.

이 거사가 독립을 위한 세력과 지방의 지지를 받는 스페인군 간의 십년전쟁(1868~1878년)이라 불리는 긴 투쟁을 낳았다. 이 전쟁의 결과 스페인이 쿠바에 일정한 자치권을 인정하고 정치·경제의 개혁과 노예해방을 약속하였지만 제대로 이행되지 않았다. 1886년에 노예제도는 폐지 되었지만 아프리카 출신의 후손인 소수인종들은 사회 경제적으로 억압이 지속되었다. 1895년 4월 쿠바 혁명당을 결성한 호세 마르티를 중심으로 제2차 독립전쟁이 시작되었다. 이 전쟁을 이끈 작가이자 시인이자 국민적 영웅인 호세 마르티는 미국에서의 도피 생활 중 10년 넘게 전쟁을 조직하였고 쿠바를 독립공화국으로 선포하였다. 호세 마르티는 스페인과 접전 중 도스 리오스(Dos Rios)에서 총에 맞아 전사했으나 그는 지금까지 쿠바의 국민적 영웅으로 숨결하고 있다.

1897년 6월 쿠바 독립에 대해 강경 진압과 지배 입장을 고수하던 스페인 수상 안토니오 카노바스(Antonio Cánovas del Castillo)가 암살당하자 미국의 간섭을 두려워한 새로운 스페인 정부는 쿠바에 대해 좀 더 회유적인 접근 방법을 결정하여 선거로 선출된 의회와 지방자치를 약속하였지만 독립세력은 이러한 제안을 거부하였고 독립을 위한 전쟁은 계속되었다. 그러는 동안 미국은 쿠바를 병합할 모든 준비를 계획하였다.

3
쿠바독립

▲ 쿠바 초대 대통령 토마스 에스트라다 팔마

　혁명 전 쿠바의 현대사는 스페인으로 대표되는 유럽의 미주대륙 약탈과 식민지의 비극적인 역사이다. 단순한 콜럼버스 탐험대의 쿠바 발견을 넘어 스페인 왕실의 침략과 약탈, 무차별적 지배 영토확장 피압박사다. 중남미 식민국가들의 의식화와 정체성 형성은 정복과 약탈에 대항하는 탈식민지 독립운동으로 확산되어 스페인 식민지 지배 통치체제를 와해시키고 대부분 독립을 쟁취하였다. 하지만 쿠바는 지정학적으로 중남미 스페인 식민지 경영의 거점이자 관문으로서 식민지배상태를 벗어나지 못하다가 미국과 스페인 전쟁 결과로 해방 독립 되었다. 그러나 미국 점령군이 들어오면서 쿠바는 다시 미 제국주의의 수탈적 식민지화 하는 고난을 겪고 또다시 혁명으로 인하여 반세기 이상 미국으로부터 압박 봉쇄 침략의 고단한 고통을 당하였다. 이러한 역사는 쿠바가 1492년에 스페인 침략자들에 의해 그들의 영토로 선포되었고 벨라스게스(Diego Velázgues)가 이끄는 원정대에 의해 완전 정복되어 미주대륙 카리브 지역 최초로 식민지 정착촌이 건설되고 카리브지역 식민지화를 위한 스페인제국의 침략기지가 되었던 비극적 수난사의 지난한 반복 역사이다.

쿠바의 탈식민지 독립운동과 독립전쟁은 쿠바혁명의 성공으로 비로소 자율적 국가체제 주권국가 광복나라로 골격을 형성하였다. 쿠바 독립운동의 출발은 400년 식민지 시대를 겪으면서 크고 작은 저항으로 행동화하고 표출되었다. 그러나 정치적 조직력이나 무력적 시민계급적 대항의 힘을 갖추지 못함으로써 가혹한 식민지 구조를 탈피하지 못하였다. 쿠바 독립운동 과정은 식민지 착취와 억압으로부터 저항과 해방이라는 핵심과제를 이끌고 투쟁화 할 독립세력의 좌표 전략 역량이 갖추어지지 못하였다. 쿠바가 중남미 스페인 지배사에서 가장 긴 식민지역사를 강요 당하고 스스로 독립을 쟁취하지 못하였지만 수탈적 상업화와 산업화는 독립을 향한 식민지 사회 변화의 민중적 요인과 사회전체 탈식민지 독립운동의 사회계급적 동력을 형성하는데 기여하였다. 쿠바의 탈식민지 독립운동 사례의 대표적 독립운동인 '10년 전쟁(Guerra de los Diez Años, 1868~1878)'을 거치면서 쿠바 독립운동사는 어느 정도 조직화 되고 이념화되고 민주화되는 국민혁명적 성격을 갖기 시작하였다.

  이러한 변화에도 불구하고 관문과 기지의 스페인 중남미 침략사 지정학적 특성 때문에 영국 프랑스 등 유럽과 미국의 제국주의 식민지적 관심 때문에 쿠바독립은 멀어져 갔다. 이로 인해 쿠바 식민지사회는 타 식민지에 비해 상대적으로 국제적 각축장이 되고 금광에 이어 사탕수수 등 농작물이 산업화 되면서 유럽시장의 무역기지화 위치로 발전되었다. 왕위계승 내전과 유럽의 7년전쟁 이후 약화된 스페인은 대 쿠바의 독점적 약탈적 식민정책을 강화하였다. 유럽의 7년전쟁 기간 중 영국에 의해 점령당한(1762~1763) 쿠바는 이 기간 동안 스페인 무역독점정책 철폐로 설탕산업 발전의 경제적 혜택을 누리기도 하였다. 전후 파리조약(Treaty of Paris 1763)에 따라 쿠바를 돌려 받은 스페인 국왕 카를로스 3세(Carlos Ⅲ)는 스페인 왕실 전쟁으로 궁핍해진 국가재정을 확충하고 식민지배체제를 공고히 하며 주 수입원인 사탕수수사업 발전을 위해 아프리카 흑인 노예들을 대량 유입하였다. 19세기 들어 식민지 쿠바는 담배산업과 설탕산업의 급격한 발전으로 카리브 지역에서 가장 부유한 식민지가 됐다.

중남미지역의 식민지들이 1824년까지 대부분 탈식민지 독립운동을 일으키어 독립국가 건설을 하여 나갔지만 쿠바는 50년 이상늦은 1868년에 이르러서야 탈식민지 독립운동이 일어났다. 그 이유는 19세기에 들어 유럽 백인과 아프리카 노예들이 증가하고 이들이 기반하던 스페인이 왕정 붕괴와 이에 따른 정치 경제 위기에봉착하자 경제가 번영하고 있던 쿠바에 대거 정착하여 자리를 잡았기 때문이다. 탈식민지 독립운동으로서 쿠바의 10년전쟁 발단은 스페인이 경제적 어려움으로부터 벗어나기 위하여 과중한 조세부담과 스페인 본국인과 차별적 식민지배정책에 대한 불만과 쿠바인들에 대한 과중한 노동착취와 수탈에서 비롯되었다. 식민주의자들과 당한 사람들의 이해적 일치가 결합하여 불을 당긴 모양의 특이한 아이러니 독립운동 시작이었다. 쿠바역사에서 16세기 이후흑인들의 끊임없는 반란은 탈식민지 독립운동과 성격을 달리하는일종의 노예 해방운동이었다.

　　1865년을 기점으로 스페인의 쿠바경제에 대한 영향력 상실이두드러지면서 정치적 통제력의 약화로까지 전화되었고 이러한 현상은 쿠바 국민의 독립 필요성을 제기하는 민족주의 운동으로 발전하였다. 이렇게 되자 독립국가 목소리를 함께했던 스페인 유럽계 식민권을 누리던 계층은 스페인을 지지하고 민족주의자들을 중심으로 독립세력화하고 투쟁화하는 탈식민지 독립운동이 일어나기 시작하였다. 이들은 폭동화 하고 게릴라부대를 조직하여 스페인 군대와 싸웠다. 1차 독립전쟁은 세스페데스(Carlos Manuel de

Céspedes)를 중심으로 임시정부를 구성하고 무장세력화 하여 여러 도시들을 점령하는데 성공하고 군사적 역량과 정치적 지도력을 구축하였다. 그러나 노선, 투쟁방식, 권리 등의 계층간 이해 충돌로 핵심세력인 노동자 농민들의 지지와 동원을 얻지 못함으로써 승리하지 못하고 보수적 독립운동 주체 지도세력은 1878년 스페인과 산혼조약(Pact of Zanjon)을 맺음으로써 쿠바의 탈식민지 독립운동은 휴전상태에 들어갔다.

쿠바의 독립운동은 외적으로 스페인의 9월혁명과 맞물려 전개됨으로써 내정이 불안한 스페인의 강력한 군사적 진압을 어느 정도 피할 수 있었고 독립임시정부 출범, 무장독립세력들의 여러 도시 장악 등 10년 장기전을 수행하는 저력을 갖추는 유리한 독립투쟁을 하였지만 이해충돌로 범국민적 참여 조직화가 안되고 혁명화되지 못하여 중심을 잃고 한정된 독립전쟁에 머물면서 쿠바의 독립운동은 실패하였다.

쿠바는 식민지 초기 카리브 지역의 금과 농산물을 식민지 본국으로 수송하는 관문이자 보호 방어기지이었다. 이로 인해 해적국가들의 침략이 빈번해지면서 스페인은 쿠바의 지리적 가치에 대하여 경제적 측면보다는 군사전략적 측면에 더 큰 비중을 두었다. 식민지 경제가 발전함에 따라 쿠바는 카리브 지역 생산물 교역기지이자 수도 아바나는 스페인의 중남미 정치적, 군사적 권력의 중심지가 되었다. 이처럼 쿠바는 중남미와 유럽 및 본국을 연결하는 관문으로서 전략적 선택지이기 때문에 스페인의 식민지 경영을 위한 군사적, 경제적 전략요충지로서 스페인은 영구 식민지 지배 야욕으로 독립을 철저히 봉쇄하고자 하였다.

쿠바는 10년독립전쟁이라는 장기간에 걸친 전쟁능력에도 불구하고 노예제도 폐지를 둘러싼 지도노선에서의 분열과 낮은 독립의식, 리더십 부족 등으로 독립을 쟁취하는데 실패하였다. 쿠바는 정복과 약탈의 식민지 사회건설이라는 중남미지역에서 자행된 스페인 식민지배 체제하에서 국제적 긴장의 소용돌이 중심에 있었

▲ 쿠바 독립전쟁

다. 이 공간에서 사회경제적 갈등과 구조화된 식민지적 착취 그늘이 탈식민지 독립운동을 묶어 놓았다. 뒤늦은 독립운동은 불행하게도 미약한 사회경제적 역량과 낮은 독립의식 및 지도력의 한계로 위협적이지 못하였다.

1894년 스페인은 외부와의 차단을 위해 쿠바와 미국 사이에 이루어지고 있는 수출입도 봉쇄하였다. 지속적으로 이어지는 식민통치의 중과세와 각종 규제 박탈에 경제적으로 피폐해진 쿠바는 흩어진 독립세력들이 투쟁을 재개해 1895년 제2차 독립전쟁을 일으킨다. 이 당시 막대한 자본을 쿠바에 투자하고 있던 미국은 쿠바인들의 독립운동을 원조하였다. 스페인은 이 전쟁에 20만 명 이상의 병력을 투입해 진압을 시도했지만 1898년 아바나항구에 정박 중이던 미국함대 메인호 선상에서 원인불명의 폭발이 발생한 것을 계기로 미국이 스페인에 대항하여 제2차 독립전쟁에 이어지는 미국-스페인 전쟁을 일으켜 미국이 승리하자 파리조약에 의해 쿠바의 독립은 인정되었다. 1898년 12월 10일 정식으로 독립했지만 쿠바는 미국의 점령하에 들어가게 되었다.

1898년 12월 10일 파리 조약에 따라 스페인은 쿠바에서 철수했으며 미국 점령군은 1901년 5월부터 1909년까지 쿠바에 주둔하며 1901년 관타나모만의 해군기지 설립권과 쿠바의 국내외 행정을 감독할 권리를 갖는 등 내정간섭을 계속 하였다. 미국은 스페인과의 전쟁에서 승리한 후 쿠바뿐 아니라 푸에르토리코, 필리핀을 손에 넣게 되었다. 1902년 독립혁명군 장군으로 스페인과의 10년 전쟁(1868~1878)에 참여했고, 1875년에 임시정부의 대통령이던 호세 마르티가 죽자 실질적인 혁명지도자였던 토마스 에스트라다 팔마가 쿠바 초대 대통령으로 선출되었다.

III

쿠바독립과 미국의 상륙

1. 미국의 상륙과 지배 간섭
2. 미국의 피그스 만 침공
   (Bay of Pigs Invasion)
3. 쿠바 미사일 위기
4. 미국의 중남미 공작과 침공
5. 쿠바와 미국의 수교
6. 미국의 신 쿠바전략

1
미국의 상륙과 지배 간섭

　미국의 전투함 메인호가 쿠바에 거주하는 8천명의 미국인을 보호하기 위한 구실로 1898년 1월 25일 아바나에 스페인 점령정부의 승인 없이 정박하였다. 스페인과 쿠바의 친 스페인파는 미국의 침공 협박으로 보았다. 2월 15일, 아바나 항에서 메인호가 폭발하였고 266명(외국인 81명 포함)의 생명을 앗아갔다. 3월 미국 해군 조사위원회(Naval Board of Inquiry)가 메인호 폭발에 스페인정부가 관여한 것으로 추측을 하자 미국의 언론들은 전쟁 분위기를 선동하였다. 이를 계기로 쿠바를 3억 달러에 팔라는 미국의 제의를 스페인이 거절하자 미국은 스페인에 선전포고를 하였다. 미국-스페인 전쟁은 4개월 만에 미국의 승리로 끝났다. 이 결과 1898년 파리 조약에 의해 스페인은 쿠바를 푸에르토리코, 필리핀, 괌과 함께 미국에 양도하였다. 종전 후 3년 동안 미국은 존 R. 브룩(John R. Brooke)을 쿠바 총독으로 보내어 쿠바에서 미국 군대의 군정이 실시되었다.

미 군정은 쿠바가 미국에 종속되도록 계획하였다. 1901년 군정 실시를 결정한 윌리엄 매킨리(William McKinley) 25대 미국 대통령에 이어 시어도어 루스벨트(Theodore Roosevelt) 대통령은 1902년 5월 20일 쿠바를 형식상 독립 공화국으로 선포하고 초대 대통령으로 독립운동가인 토마스 에스트라다 팔마를 선출 하도록 하였다. 그러나 쿠바의 새 헌법 하에서 미국은 쿠바의 정치 행정 경제에 간섭하고 재정·외교문제를 감독할 권리를 보유하였다.

▲ 시어도어 루스벨트

▲ 윌리엄 매킨리

미국의 쿠바에 대한 야욕은 미 의회가 통과한 플랫 수정안(Platt Amendment)에 잘 나타나 있다. 그 내용을 보면 첫째, 쿠바에 미 군사기지를 유지한다(관타나모 기지). 둘째, 미국은 쿠바와 다른 국가 간의 조약에 대한 거부권을 가진다. 셋째, 미국은 쿠바 재무부에 대한 감독권을 가진다. 넷째, 미국은 쿠바의 독립, 생명과 재산, 개인적 자유를 지키기에 적절한 정부의 유지를 위해 쿠바 내정에 간섭할 권리를 갖는다는 것이다. 플랫 수정안의 내용이 포함된 쿠바 헌법은 점령 미군에 의해 선출된 쿠바 의원 31명의 표결에 의해 15대14로 통과되어 1959년 쿠바혁명 때까지 미국은 쿠바를 속국화 했다. 플랫 수정안 아래 쿠바인의 30년 독립무장투쟁으로 얻은 독립이 사실상 없는 것이었다.

아직도 쿠바에서 미국의 이익을 지키며 미국 제국주의의 상징으로 남아있는 관타나모 미 해군기지는 쿠바에게는 모욕이며 미국에게는 말만으로 쿠바의 자율적인 결정권을 존중한다는 비웃음거리가 되고 있다. 1906년에서 1909년까지 미국의 총독 찰스 에드워드 마군(Charles Edward Magoon)이 3년간 총독 통치를 하는 동안 토지, 사탕산업, 교통수단 등 쿠바 경제의 중추적 기능은 미국 자본이 장악하였다. 쿠바 역사가들은 미국의 통치 기간 동안에 더 많은 정치적 부패가 자행되고 그 이후에도 미국의 부정적 쿠바 간섭은 계속되었다고 주장하고 있다.

미국의 지지로 정권을 장악한 헤라르도 마차도 모랄레스(Gerardo Machado Morales) 독재·부패 정치가 1925~1933년간 계속되는 동안 크고 작은 잦은 쿠바인들의 저항과 소동이 일어났지만 1920년대 미국 회사들은 쿠바 농장의 2/3를 소유했으며 세금과 노동착취로 인해 쿠바의 제조 산업은 불구가 되고 도박이나 매춘에 기반을 둔 관광산업은 성행하였다. 1930년대 대공황 시기에는 물

가가 급등하면서 사회적 동요로 번졌으나 헤라르도 마차도 모랄레
스 대통령에 의해 난폭하게 진압되었다.

　쿠바 공산당이 헤라르도 마차도 모랄레스를 축출하였지만 쿠
데타 등 정변이 이어지다가 1940년 쿠바는 자유 선거를 치렀다.
1940년 쿠바공산당에 힘입어 풀헨시오 바티스타(Fulgencio Ba-
tista y Zaldívar)가 대통령에 당선되어 능률적으로 나라를 다스리
고 교육 제도를 확대하고 여러 경제 개발 정책을 펴 경제 성장을
촉진시키는 등 주요한 사회 개혁을 시행하였다. 1944년 대통령에
서 물러나 미국 플로리다에 8년 동안 있는 동안 쿠바에서 다시 부
정부패가 되살아나고 공공사업이 파산 상태에 이르자 1952년 3월

▲ 풀헨시오 바티스타

쿠데타를 일으켜 다시
정권을 장악하였다. 처
음에는 많은 쿠바 국민
들이 환영했으나 독재자
로 친미 세력으로 변신
한 그는 권력을 잡자마
자 정치·사회·경제·
언론과 의회를 통제하고
급성장한 경제에 막대한
돈을 착복하고 미국의
꼭두각시로 전락하였다.

미국으로서는 친미 정권을 반대하는 쿠바 주민들의 반미 투쟁이 강화되자 이 군사정변을 조작하여 친미적인 바티스타 독재정권을 세워 쿠바를 계속 지배한 것이었다. 20년이 넘도록 부패한 그가 정권을 잡고 부패 부정한 방법으로 유지하는 동안 쿠바는 무너져갔으며 국가의 자산은 점점 외국의 손에 넘어갔다. 부패한 바티스타 정권은 권력유지를 위해 피델 카스트로가 이끄는 반정부 단체와 전쟁을 치렀다. 1958년 가을에 공격을 시작한 피델 카스트로의 군대는 1958년 12월 30일 정부군을 완전히 무찌르고 쿠바 혁명으로 바티스타 정권을 붕괴시켰다.

▣ 관타나모 해군 기지

관타나모 만 해군 기지(Guantanamo Bay Naval Base)는 쿠바 남동쪽 끝부분에 위치한 카리브해 천혜의 항구, 관타나모 바닷가 일대 117.6km², 미 뉴욕의 맨해튼과 비슷한 면적에 미국 해군기지가 자리를 잡고 있다. 미국의 해외기지 중에서도 오래된 곳이자 외교관계가 없는 적대국가 안의 유일한 미군기지이다. 미 해군이 점령한지 1세기가 지났다. 1898년 대 스페인 전쟁에서 승리한 미국은 스페인의 식민지였던 쿠바, 괌, 필리핀, 푸에르토리코 등을 이양 받는다. 이 전쟁의 결과로 쿠바는 파리조약에 의해 독립을 이루지만 곧바로 미군의 군정 하에 들어가게 되고 쿠바의 내정간섭을 위한 플랫 수정안을 통해 관타나모만 기지를 미국에 영구임대하기로 조약을 맺는다. 쿠바혁명정부가 미국과 단절되면서 관타나모 기지는 분쟁의 씨가 되었다. 피델 카스트로는 관타나모 만 미 해군 기지를 주권침해행위로 보고 미군의 철수를 요구했으나 미국은 이를 거부하고 계속 점령하고 있다. 쿠바혁명 이전의 협정에 따라 미국은 매년 기지 임대료로 2,000달러(당시 기준) 해당하는 금화를 지불하게 되어 있지만 쿠바정부는 항의표시로 수납을 거부하고 있다.

　　관타나모는 쿠바 민중의 뜻에 반해 군사적으로 점령된 상태로 쿠바를 비롯한 카리브 연안 국가들을 겨냥한 군사기지로 활용되고 있다. 미국은 관타나모 기지를 탈 쿠바 난민이나 아이티 난민 등의 수용소로 운영하기도 하였으며 9.11 테러 이후 부시 정권이 테러와의 전쟁을 선포하면서 테러 용의자를 법원의 동의없이 체포, 구

금할 수 있는 수용소가 이 기지내에 설치되어 인권의 사각지대로
국제적인 비판을 받았다.

▲ 죄수복을 입은 테러 용의자가 관타나모 미군기지 포로수용소로 끌려간다

2
미국의 피그스 만 침공
(Bay of Pigs Invasion)

1961년 4월 피델 카스트로의 쿠바 정부를 전복하기 위해 미국이 훈련한 쿠바 망명자들을 보내어 쿠바 남부를 공격하다 실패한 사건이다. 미국 정부는 아이젠하워, 존 F. 케네디 대통령 시대인 1960년부터 이 침공을 계획 준비하고 자금을 제공했다. 존 F. 케네디는 쿠바의 사회주의 붕괴를 목표로 미 중앙정보국(CIA) 주도로 쿠바 망명자 1,500여 명을 동원해 쿠바 침공에 나섰지만 미군은 소련에서 훈련을 받고 무장한 쿠바군에 진압 되었다. 미국에 흩어져 있는 쿠바인들을 모아 민병대를 조직하고 CIA에서 훈련을 시켜 피그스 만을 침공한 것이다.

미국은 이들의 침공으로 쿠바 내에서 반혁명 운동이 일어나서 카스트로 정권이 붕괴될 것을 기대했지만 봉기는 일어나지 않았고, 1,400여명의 민병대는 패주하여 체포되었다. 미군은 불과 사흘 만에 100여 명의 사상자를 내고, 1천여 명이 넘게 생포되는 참담한 패배를 당하였다. 명분 없는 침공으로 국내외 여론의 비난을 피하고자 당시 CIA 공작은 미국에 사는 쿠바 망명자들을 이용해 카스트로 정권을 붕괴시키고자 했던 것이다. 당시 카스트로 정권은 생긴지 얼마 안되 정권이 불안했고 혁명으로 실각된 친미 바티스타 정권에서 일하던 사람들과 쿠바 혁명으로 피해를 본 사람들의 카스트로 반대파들이 봉기를 일으킬 것으로 믿었다. 1960년 미국 마이애미 지역의 쿠바인 망명자들을 대상으로 지원자를 모집한 CIA는 이를 '제2506여단' 으로 명명하고 비밀리에 훈련시켰다.

CIA 는 1차 공습이 어느 정도 성과를 거두었다고 판단, 4월 17일 1,500명의 병력을 투입한다. 쿠바군은 미국의 상륙이 임박했음을 인지하고 공군으로 하여금 2506여단을 공격하기 시작했다. 당황한 CIA 는 B 26 폭격기들을 다시 출격 시켰으나 제공권은 쿠바 공군에 돌아갔다. 4월 19일 미국의 침공 작전은 실패가 분명해졌다. 극히 일부만이 탈출에 성공하고 2506여단은 118명이 죽고 1,189명이 포로로 잡혔다. 카스트로 정부는 1961년 12월 몸값으로 5,300만 달러를 받은 뒤에야 사로잡은 1,113명을 풀어줬다. 쿠바는 미국을 비난했고 많은 국가들이 이를 인정했다. 케네디는 미국의 개입을 부정했지만 이 사건으로 미국은 쿠바에서의 주권침해행위에 대한 비판을 받게 되었고 쿠바와 미국간의 관계는 급속히 냉각되었다.

▲ 미 CIA에서 훈련 받는 쿠바용병들

피그스 만 침공 작전은 미국의 오판이었다. 1,500명도 안되는 반군 세력으로 카스트로 정권을 무너뜨리려는 무모한 작전이었다. 카스트로의 혁명이 쿠바인들의 지지를 받고 있었다는 사실을 간과했다. 카스트로 정권은 피그스 만 침공 작전의 결과 친미파를 일소하고 혁명 정권을 반석 위에 올려 놓게 된다. 카스트로는 케네디 대통령에게 "당신이 상륙 작전을 시도하는 바람에 우리의 혁명이 굳건해져서 고맙다."는 전문을 보내기도 했다. 케네디와 CIA가 웃음거리가 된 치욕의 사건이다.

3
쿠바 미사일 위기

    1961년 소련 당서기장 흐루시초프는 미소 냉전시대 군사적 우위를 확보하고 쿠바의 신생 공산 정권인 카스트로 정권을 보호하기 위하여 서방 세계와의 협상 수단으로 쿠바에 장거리 미사일 기지 설치를 비밀리에 추진하게 된다.

▲ 미사일 위기를 타결한 소련 흐루시초프와 미국의 케네디

　이에 대해 미국은 쿠바 미사일 기지 건설을 무력시위라고 주장하며 케네디 대통령은 미사일 기지의 완공을 강행한다면 이를 선전포고로 인정하여 제3차 세계대전도 불사하겠다는 공식성명을 발표했다. 국제사회는 일촉즉발의 전 세계적 규모 전쟁이 일어날지 모른다는 불안감이 팽배했으나 미국과 소련의 외교거래에 의하여 소련측의 미사일 기지 건설이 중지되었다. 그에 대한 대가로 터키에 있던 미국측의 ICBM(대륙간탄도미사일) 기지를 철수시킨다는 조건과 미국이 쿠바를 침공하지 않겠다는 약속으로 사태가 종결되고 세계는 전면 핵전쟁에서 벗어날 수 있게 되었다.

　카리브 해 위기, 10월 위기라고 불리는 쿠바 미사일 위기는 소비에트 연방이 쿠바에 미사일을 배치하려는 것에 대해 일어난 미국과의 군사적 대립으로 인한 위기이다. 1962년 10월 U-2 기에 의한 첩보 사진에 쿠바에 건설 중인 미사일 기지의 사진이 미 정보기관에 발견되자 미국의 케네디 행정부는 소련에 의해 쿠바에 설치된 미사일의 즉각적인 제거를 요구하였다. 이 미사일은 미국이 터키와 중동에 설치한 핵미사일에 대응한 것이었다. 소련이 이 요구를 받아들이고, 수 개월 내에 쿠바의 모든 미사일을 철수한다는 조건을 내걸었으며, 미국은 터키, 그 밖의 중동국가에 설치된 ICBM기지를 은밀히 제거한다는 내용의 조약을 체결하였다. 케네디는 또한 앞으로 쿠바를 침략하지 않겠다는 데에 동의하였다. 쿠바 미사일 위기의 여파로 피그스 만 침공에서 붙잡힌 쿠바 출신 망명자들은 미국이 몸 값을 지불하고 풀려났다. 핵 전쟁이 촉발할 수도 있는 인류 역사상 가장 위험했던 순간이라 부른 13일간의 위기는 극적으로 타결되었다. 미사일 위기가 발발하자 미국 대통령 케네디와 소련 공산당 서기장 흐루시초프는 핵 전쟁을 불사할 것처럼 강경하게 나왔다. 그러나 그들은 결국 타협을 선택했다.

쿠바 혁명의 주역인 에르네스토 체 게바라는 소련-쿠바 외교 관계에서 핵심적인 역할을 했다. 그는 제국주의 침략으로부터 쿠바 같은 나라들을 해방시키려면 핵전쟁은 해볼만한 가치가 있다고 주장했다. 소련이 핵무기를 쿠바로부터 철수시키자 체 게바라는 소련의 배신에 분노했다. 미-소 양국은 핵전쟁의 문턱에서 멈추었다. 미국의 U-2정찰기가 쿠바의 소련 핵미사일 사진을 입수한 1962년 10월 16일부터 양국이 극적으로 타협하는 10월 28일까지의 13일은 외교사의 전설이다.

케네디 미국 대통령이 10월 16일 국가안보위원회를 소집해 먼저 공격할 것인가 아니면 쿠바의 소련 미사일을 받아들일 것인가를 놓고 고민하다가 선제타격을 주장하는 군부의 강력한 요구를 받아드리지 않고 해상봉쇄라는 제3의 대안을 만들었다. 그러나 미사일 부품을 실은 소련 선박 20척이 다가오며 핵전쟁의 공포가 미국사회에 확산되자 미-소 협상 방향으로 전환되었다. 10월 26일 흐루시초프가 먼저 해결책을 제시했다. 미국이 쿠바를 침공하지 않겠다는 약속과 터키에 있는 미국 미사일 기지를 철수한다면 미사일을 철수하겠다는 내용이었다.

미 국가안보회의는 터키의 미사일 철수는 북대서양조약기구(NATO) 동맹국들 반발 초래와 더불어 미국의 대외 협상력을 약화시키고 굴복하는 것이라며 흐루시초프의 제안을 거부해야 한다고 주장했다. 쿠바의 피델 카스트로 국가평의회 의장도 흐루시초프에게 미국의 침공이 임박했다며 소련이 미국을 향해 핵공격을 감행해줄 것을 요청했다. 일촉즉발의 상황에서 극적인 반전이 일어났다. 케네디 대통령이 비밀 채널을 가동한 것이다. 대통령의 동생이며 당시 법무장관인 로버트 케네디가 미국 주재 소련대사 아나톨리 도브리닌과 협상을 시작하였다. 이른바 비밀 채널을 통해 외교 게임을 한 것이다. 로버트 케네디는 소련이 핵미사일을 쿠바에서 철수하면 쿠바 봉쇄를 풀고 불가침을 선언하고 NATO 동맹국의 동의를 얻어 4~5개월 내로 터키에서 미사일을 철수하겠다고 하였다. 이 비밀 협상에서 주목되는 부분은 외교문서 없이 구두 약속과 비밀 보안 합의로 서로의 요구를 수용하며 외교적 체면을 지키는 고도의 협상 기술이 작동되었다는 것이다. 양보를 얻는 전술이었다.

1962년 10월 28일 주미 소련대사 아나톨리 도브리닌이 안드레이 그로미코 외상의 공식 전문을 로버트 케네디에게 전달하며 위기 사태는 종결되었다. 터키 미사일 철수 약속을 비밀로 한 케네디나 체면을 세운 흐루시초프 모두 윈-윈하는 협상이 된 것이다. 미-소 양국은 이듬해인 1963년 핫라인을 설치하여 크렘린과 펜타곤 사이에 소통 수단을 마련하는 계기가 되었다. 이러한 결과로 1967년 이스라엘이 이집트를 공습했을 때 미국과 소련은 전쟁을 피하는 국제적 노력을 함께 했다. 1962년 10월의 쿠바 미사일 위기는 인류가 핵전쟁에 가장 가까이 다가갔던 사건이다.

케네디는 소련의 쿠바 핵미사일 기지 건설이 확인된 1962년 10월 16일부터 미국이 쿠바 봉쇄를 철회한 11월 20일까지 긴박한 순간이었다. 흐루시초프가 쿠바에 핵미사일을 배치하기로 결심한 것은 1962년 5월이다. 그 이유는 미국의 카스트로 정부 전복공작을 방어하고 미-소 냉전의 최전선인 독일 베를린에서 밀리는 미국에 대한 핵전력의 열세를 만회하기 위해서였다. 피그스 만 침공 실패로 국제적 망신을 당한 케네디는 카스트로 전복에 집착했다.

1962년 2월에는 쿠바에 대한 전면적 경제봉쇄를 단행했고, 8월부터는 공작전문가 지휘 하에 쿠바 침공을 계획하고 있었다. 카스트로와 흐루시초프는 1962년 7월 쿠바 미사일 배치를 위한 비밀협약을 맺는다.

▲ 소련 미사일 운송

소련의 미사일 배치는 10월 14일 미군 정찰기에 항공 촬영되면서 미 CIA가 주도하는 위기 대응팀이 가동되었다. 흐루시초프는 케네디의 대 쿠바 해상 봉쇄를 전쟁 행위라며 강력 반발하였다. 이 과정에서 미국 케네디 대통령은 군부 및 의회 지도자들의 쿠바에 대한 강력한 군사대응 요구를 뿌리치고 협상에 의한 해결을 선택한 것이다. 만약 대응방안이 나수결에 따라 정해졌다면 핵전쟁이 벌어졌을 것이 확실했다고 정치 역사학자들은 회고하고 있다. 미국의 보수세력들은 1953년 이란에서, 1954년 과테말라에서 벌인 정부 전복 공작이 범죄행위라는 사실을 인정하지 않고 물리력을 동원 친미정권과 지배력 있는 미국식 제도와 가치를 국제사회에 확산 하는데 주력해왔다. 쿠바 미사일 위기가 끝난 후 미국과 소련은 워싱턴과 모스크바 사이에 핫라인을 설치하고 핵무기 경쟁을 중단하는 제한적 핵실험금지 조약을 맺는다. 그러나 케네디 행정부에서 미국의 대외 군사개입은 멈추지 않고 베트남에 대한 군사개입 강화, 쿠바에 대한 제재와 압박은 지속되었다.

4
미국의 중남미 공작과 침공

라틴아메리카는 잉카 제국 형성의 기초가 되는 잉카문명이 탄생된 아메리카 고대 문명시기인 잉카와 멕시코 지역에 존재하던 아즈텍인들이 만든 문명시기인 아즈텍의 멸망 이후 스페인, 포르투갈 등 유럽 해양세력의 지배를 받아오다가 미국 제5대 대통령 제임스 먼로(James Monroe) 독트린 이후 미국의 세력권에 편입되었다. 먼로주의라고 하는 먼로 독트린은 유럽 열강으로 하여금 더 이상 미 대륙을 식민지화 하거나 미 대륙에 있는 주권 국가에 대한 간섭을 거부하고 미국은 유럽 열강 간의 전쟁에 대해 중립을 표명한다는 내용이다. 19세기 초 신생독립국에 불과했던 미국은 미리 유럽의 간섭을 배제하고 라틴아메리카를 장차 미국의 영향력 아래에 둘 사전 포석으로 먼로 독트린을 발표하였다. 그러나 라틴아메리카에서는 다양한 기형적인 형태의 정치 체제가 성립되었으며 이에 저항하는 민중봉기 민중 혁명이 있어왔다.

미국의 유럽 불간섭 원칙, 유럽의 미국 대륙 불간섭 원칙, 유럽

제국에 의한 식민지건설 배격 원칙 등 3개 원칙을 표방한 먼로 독트린의 외형은 제국주의적 팽창주의나 개입, 간섭주의를 배격하는 고립주의지만 본질은 적극적인 팽창 개입주의로 발전하였으며 대표적인 사례가 스페인과의 전쟁을 통해 쿠바와 필리핀, 괌, 푸에르토리코를 빼앗은 것이다. 먼로주의를 승계한 루스벨트 대통령시대의 미국은 라틴아메리카에 군사적으로 개입하여 이 지역에 유럽의 영향력이 확장되는 것을 막고 자국의 영향권을 확장하는 정책을 펼친다. 1871년 강화도를 공격해 신미양요를 일으킨 미국은 쿠바 점령전쟁에서 영웅이 됐던 시어도어 루스벨트가 대통령이 되어 필리핀 지배를 보장받는 대신 일본의 조선지배를 보장해준 가쓰라-태프트 밀약을 1905년에 맺어 아시아까지 넘보았다. 먼로주의는 미국이 고립주의적 전통을 따르는 방어적 수동적 선언이 아니라 대륙 팽창을 염두에 둔 적극적, 공격적 선언 이었다.

▲ 라틴아메리카 미션 작전에 투입된 미군들

멕시코 관할의 텍사스에 미국 이주민의 분리독립을 부추기고 캘리포니아 금광 발견에 따른 골드러시는 본격적인 서부 개척의 점령시대를 본격화 한다. 1836년 멕시코를 공격하기 시작한 미국은 1846년 텍사스, 캘리포니아, 뉴멕시코, 애리조나, 네바다, 유타, 콜로라도 공화국을 멕시코로부터 할양 받는다. 멕시코 영토의 거의 절반이 미국의 수중에 넘어갔으나 멕시코는 미국에 대항하지 못했고 오늘까지 친미국가로 불평등하게 천대받고 있다. 미국의 대외팽창은 19세기 후반 본격화 된다.

라틴아메리카 지배력 강화를 위한 총력을 기울인 미국은 파나마 운하 건설을 위해 1903년 콜롬비아에서 파나마 분리를 주도했고 1914년 운하가 완공하자 이권을 모두 독점하였다. 라틴아메리카 광물의 거의 대부분을 독점했고 베네수엘라의 석유를 독점했으며 마음에 안 드는 정치인을 갈아 엎고 암살을 주도하는 등 미국은 라틴아메리카 점령군이 되었다.

1940년 파나마의 아느롤포 아리아스 대통령이 미국에 대항하여 파나마 운하 사용권을 회복하려 하자 해병대를 투입해 무력 쿠데타로 파나마의 정부를 전복하였다. 하지만 라틴아메리카 국가들은 속수무책으로 당했으며 미국의 지배는 확고했다. 니카라과에서는 친미 군부세력인 소모사가 국민이 지지하는 산디노를 체포하여 처형하고 1936년부터 장기 독재 체제를 만들었다. 라틴아메리카는 미국의 천하였다. 1970년대 초 민중연합 사회당의 살바도르 아옌

데가 칠레 대통령으로 당선되었다. 사회주의 개혁정책을 실시하던 칠레는 1973년 9월 11일 피노체트 군부 정권의 무력 쿠데타로 살바도르 아옌데 대통령은 피격 당했고, 미국은 곧바로 피노체트 정권을 지지했다. 살바도르 아옌데의 사회주의적인 노선에 미국이 제제를 가한 것이다.

파나마 운하가 개통되기 전까지 니카라과는 대서양과 태평양을 연결하는 통로였다. 니카라과의 주요 강들은 태평양과 카리브해로 연결된다. 니카라과가 지정학적 요충지이다. 이와 같은 전략적 위치 때문에 미국의 팽창주의 전략에서 개입의 대상이 되었다. 미국은 해병대를 파병하여 1933년까지 주둔하면서 친미정권을 세우고 실질적으로 점령과 통치를 계속하였다. 견디다 못한 민중들은 봉기하였고 무장혁명으로 이어졌다. 니카라과 혁명은 라틴아메리카에서 쿠바 혁명과 함께 성공한 무장혁명이다. 에콰도르와 우루과이, 멕시코 등에서 12년간 미국 중앙정보국 요원으로 근무하다 쿠바에 망명하여 이러한 사실을 폭로한 전 CIA 요원 필립 아지에 의해 밝혀진 바에 의하면 미국은 중남미에서 수많은 공작을 자행했다.

미국 역대 정권은 중남미 군부세력을 지원해 군사독재가 가능하도록 뒷받침해 왔다. 미국 중앙정보국(CIA)은 민주적으로 선출된 정부의 전복마저 노골적으로 지원했다. 반미 공산화 사회주의화 되는 것 보다 독재가 미국의 국익에 도움이 된다는 패권 논리가 지배하였다. '2일 천하'로 끝난 베네수엘라 쿠데타에 부시 행정부가 개입했다는 의혹 또한 정설이 되고 있다. 우고 차베스 베네수엘라 전 대통령은 쿠바의 피델 카스트로만큼 부시 정권에 대항하는 인물이다. 쿠데타가 실패로 끝나자 미국은 크게 실망한 것으로 나타났다. 차베스 복귀의 원동력은 빈민층의 절대적 지지와 차베스에 대한 군부의 충성이다. 쿠데타 주도 세력의 지지기반이 친미 베네수엘라의 백인 부유층이었지만 쿠데타 뒤 카리브해의 외딴 섬에 갇혀 있던 차베스를 오뚝이처럼 일으킨 세력은 바로 빈민층이다. 중남미 역사는 미국 개입의 역사다.

▲ 콜롬비아 지식인들의 미군 철수 시위

1973년 칠레 쿠데타에 깊숙이 개입하고 아르헨티나와 파라과이 군부독재를 비호한 것이 바로 미국이다. 중미에서는 엘살바도르와 니카라과 등이 CIA가 개입한 대표적인 나라들이다. 페루도 가르시아가 이끈 좌파 정권이 미국자본을 국유화하자 일본인 이민자 출신인 후지모리를 지원하여 집권하도록 하였다. 미국 CIA의 중남미 비밀공작과 라틴아메리카에서 반미정권들을 처리한 방식은 해병대를 파견하여 군사적으로 억누르는 것이었다. 한편으로는 공개적인 군사개입보다는 은밀한 CIA공작을 택하였다. 온두라스에서 7백 명의 반란군을 훈련시켰다. 과테말라는 미국의 지원을 받는 수십 년에 걸친 살인적인 억압정치에 허덕거려야했다. 1989년 12월 20일, 2만 6천명의 미군이 민주헌정을 회복시키고 국제 마약거래 혐의자인 노리에가 대통령을 미국법정에 세우겠다는 구실로 파나마를 전격 침공하였다. 미국의 레이건 대통령이 집권했던 1980년대는 미국의 힘에 의해 세계전략이 기승을 부리던 시기였다.

5
쿠바와 미국의 수교

　2015년 4월 11일 파나마 수도 파나마시티에서 열린 제7차 미주 정상회의에서 라울 카스트로 쿠바 국가평의회 의장과 버락 오바마 미국 대통령이 정상회담을 가졌다. 1956년 아이젠하워-바티스타의 정상회담 이후 59년만의 쿠바와 미국간 정상회담이다. 1959년 피델 카스트로가 주도한 쿠바혁명 이후 56, 1961년 양국 국교의 단절 이후로 54년만이다. 이어 오바마 미국 대통령은 쿠바를 테러지원국 명단에서 해제하였고 레이건 대통령이 1982년 쿠바가 중남미의 폭력혁명을 돕는다는 이유로 취했던 대 쿠바 제재조치를 33년만에 철회 하였다. 카리브해의 작은 나라 쿠바가 세계 최강 미국의 반세기 이상 계속된 온갖 억압과 방해를 견뎌내고, 사회주의라는 자신들이 선택한 생활방식을 유지한 채 미국의 사실상 항복을 받아내면서 국제사회에 화려하게 복귀한 것이다.

　서방언론들은 미국과 쿠바 관계정상화가 2014년 12월 오바마 대통령의 정치적 결단에 의해 쿠바가 50여년만에 국제적 고립에서 벗어난 것으로 보도하였지만 사실은 쿠바가 주권국가로서 자주적 광복을 찾은 것은 세기에 걸친 투쟁의 소산이며 여기에 중남미 국가들의 연대가 있었기 때문이다. 미국의 양보 포용이 아니라 쿠바의 국제사회 복귀를 받아들일 수밖에 없는 국내외 시대 변화에 미국이 응할 수밖에 없는 현실을 인정한 것이다. 오바마 대통령이 언급한 것처럼 50여 년 간 계속된 쿠바에 대한 봉쇄정책은 성과는 고사하고 실패의 연속이었으며 오히려 아메리카 지역의 리더십 훼손과 중남미로부터 반미를 확산시키는 결과를 가져왔다. 1980년대 중남미 국가들에 대해 잔인한 국가테러를 일삼은 미국이 오히려 쿠바를 테러지원국으로 지정했다는 것은 수용할 수 없다는 자세이다.

다른 나라들의 의사들이 가지 않으려는 빈곤지역에 자국 의사를 보내고 의과대학을 세우며, 의사와 교육자들을 양성해주며 문맹퇴치 프로그램도 전파한 쿠바 외교는 찬사를 받고 있다. 1959년 혁명 이후 카스트로 제거, 그리고 사회주의 정권 전복을 위한 미국의 무수한 음모를 쿠바는 꿋꿋이 견뎌냈다. 1961년 4월 피그스 만 침공, 1976년 10월 쿠바 민항기 폭파(탑승객 73명 전원 사망), 2000년 파나마 미주정상회담 당시 피델 카스트로 암살 기도 등 미국의 숱한 공격을 이겨냈다.

쿠바는 400년의 스페인 식민 지배, 60년에 걸친 미국의 간접 지배, 그리고 50여년의 미국의 봉쇄를 뚫고 마침내 진정한 자유와 독립을 쟁취한 것이다. 쿠바 국민의 77%가 미국의 경제봉쇄 이후 태어난 세대들이다. 쿠바는 자연자원도 별로 없는 작은 나라이고 미국 주도의 적대적인 환경 속에서 고단하게 국가경영을 해왔다. 그럼에도 불구하고 국민들이 국가의 정치 사회적 동참과 보편 무상의료 및 교육 시스템, 국민 혜택을 주는 사회안전시스템, 동등한 기회의 제공과 모든 종류의 차별을 제거하기 위한 노력, 여성 및 어린이 권리의 전면적 보장, 누구든 스포츠와 문화 생활을 즐길 수 있는 생명과 공중의 안전을 위한 권리 등을 위해 노력해 온 쿠바는 중남미에서 가장 안전한 나라이다.

미국과 쿠바가 2015년 7월 20일 양국 수도 워싱턴과 아바나에 대사관을 다시 개설하고 새로운 시대를 열었다. 쿠바 외교장관이 미 국무부 청사를 방문한 것은 1958년 이후 최초다. 존 케리(John Forbes Kerry) 미 국무장관과 회담한 쿠바 브루노 로드리게스(Bruno Rodriguez Parrilla) 외교장관은 봉쇄의 완전한 해제와 불법으로 점령한 관타나모 부지의 반환, 쿠바 주권에 대한 존중, 쿠바인의 인적·경제적 손해에 대한 보상 등이 국교정상화로 나아가는데 중요하다고 공동 기자회견에서 밝혔다.

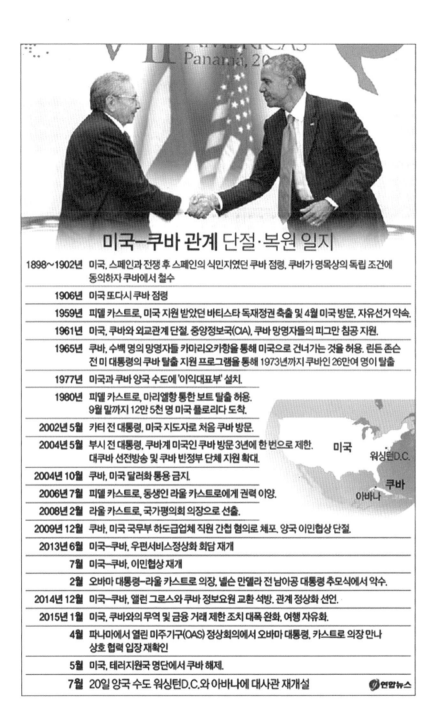

▲ 존 케리 미 국무장관(우)과 쿠바 브루노 로드리게스 외교장관(좌) 정상화 서명(워싱턴)

존 케리 장관은 양국이 좋은 이웃이 되기로 약속했으며 미국은 쿠바 국민 및 정부와 새 관계를 시작하게 된 것을 환영하며 그동안 고장 났던 것을 고치고 오래 닫혔던 것을 여는 날 이라고 강조했다. 54년만에 워싱턴에 다시 뜬 쿠바 국기가 아미고(친구) 연호와 함께 펄럭이기 시작했다.

▲ 워싱턴D.C. 쿠바 대사관 앞마당에 내걸린 쿠바 국기

6
미국의 신 쿠바전략

　미국의 진보적 성격을 갖고 있는 브루킹스 연구소와 원조 보수 미국기업연구소(AEI) 진·보수 양대 싱크탱크가 쿠바의 미래에 대한 논의로 대립하고 있다. 양 진영의 쿠바 연구팀은 브루킹스 연구소는 쿠바 주재 이익대표부의 대사를 지냈던 커스텐 매디슨 (Kirsten Madison)이, 미국기업연구소는 부시 행정부에서 미주담당차관보를 지내면서 대 중남미정책을 주도했던 로저 노리에가 (Roger Noriega)가 이끌고 있다. 브루킹스 연구소는 미국의 대 쿠바정책에 문제가 있었음을 지적하고 쿠바의 원활한 체제 이행과 민주화, 사회경제적 발전과 국제정치무대 복귀에 미국의 역할과 기여를 중심으로 하는 반면 미국기업연구소는 쿠바의 정치변동을 어떻게 이끌어 낼 것인가에 초점을 맞추어 대 쿠바 제재조치를 해제하는 데에 반대하며 쿠바와의 우호관계 진행은 미국 대외정책 방향성을 포기하는 것이라고 강조하고 있다. 특히 미국기업연구소는 강력한 제재만이 진정한 쿠바의 변화를 이끌어낼 수 있을 것이라고 주장하고 있다.

쿠바 개혁개방의 특징은 한마디로 국가제도와 국민의 의식 모두에 자본주의와 사회주의가 기형적으로 얽혀있다. 이 공간에 미국은 달러 경제권을 만드는 것이 가장 현실적인 방법이라는 인식을 가지고 있다. 달러 수입을 위해 박사가 택시를 몰고 공무원이 관광안내를 하는 오늘의 쿠바 사회현상에 미국은 고무되어 있다. 1990년대 초 구소련과 동구권이 몰락하자 쿠바의 경제는 극심한 침체를 경험하면서 자본주의와 사회주의의 결합이 시작되었다. 이 시기가 쿠바 사회가 새로운 패러다임을 맞이하게 된 터닝포인트가 되었다.

자본주의가 가미된 쿠바의 신경제정책은 외화 유입 증대, 상품과 서비스 공급의 확대, 관광산업 육성, 재정지출 축소와 외국인 투자 적극적 유치라는 네 가지 방향성을 가지고 1990년대 초부터 진행되었다. 경제위기의 타파를 위해 국민의 달러 소지를 자유화하여 해외로부터의 송금을 유도하였다.

쿠바의 인구는 1959년 이후 태생이 8백만, 1992년 이후 태생이 2백만으로 국민 대부분이 사회주의적 멘탈리티를 가지고 있다. 통계에 따르면, 49%가 쿠바 정부를 신뢰한다고 하며, 그 중 26%는 현실에 만족한다고 한다. 미국정부는 국제개발처(USAID)를 통해 2004년부터 쿠바의 체제이행 프로젝트를 매우 구체적으로 준비하여 왔다. 민주화된 쿠바를 만들어 국제경제체제로 편입하는 작업이 과제인데 이를 위해 미국이 집착하는 체제이행이 쉽게 가능할지는 불확실하다. 여전히 쿠바는 혁명이 진행 중이기 때문이다.

　쿠바와의 관계개선으로 미국이 기대하고 있는 시나리오는 정부의 투명성과 책임성을 확보하여 정치개혁을 주도하고 거시경제 안정화 정책을 통해 사회복지와 지원제도를 개편하고 에너지, 수자원, 공공주택 등의 인프라개선 사업을 추진하며 재산권(토지소유권) 확립을 비롯한 농업과 환경 분야의 개혁을 단행하도록 한다는 것이다. 아울러 쿠바와 무역특혜협정을 추진하여 경제적 의존도를 높여 나갈 계획이다. 쿠바의 군부는 핵심 권력기관일 뿐만 이니라 경제적으로도 많은 사업에 관여하고 있다. 군부를 설득하여 헤게모니를 포기하고 개혁에 동참하게 할 것인지 군부의 권력을 와해시키는 방향으로 나갈지가 미국의 고민이다. 그것은 체제이행에서 군부가 가장 큰 변수로 작용하기 때문이다. 다른 한편으로는 쿠바사회의 소외계층에 대한 특별한 정책수단을 강구하고 있다. 인구의 62%가 흑인 또는 혼혈이므로, 이들은 앞으로 사회경제개발 프로그램에서 주목해야 할 계층이다.

　국제적 관점에서 쿠바는 유엔을 비롯한 대부분의 국제기구에 이미 가입했으며 주요한 국제협정의 회원국이기 때문에 국제개발협력 체제를 통해서도 유용한 대 쿠바 접근법을 찾을 수 있을 것으로 미국은 보고 있다. 미국 플로리다, 마이애미를 무대로 반 카스트로 운동을 주도했던 1세대가 대부분 노쇠하거나 죽었고, 2·3세대는 미국사회에 동화되었기 때문에 재미 탈 쿠바인들을 통한 쿠바사회 변화 가능성은 희박하다. 이에 따라 미국은 쿠바와의 직접 방식으로 체제이행 준비를 해오고 있으며, 연착륙을 유도하기 위해 국제사회와 협조하여 매우 신속하고 다양한 행보를 보일 것으로 예상된다. 미국 기업들과 단체들의 쿠바시장 진출 전략은 지금 진행 중이며 특히 주력 항공사들의 진출과 취항은 거의 준비가 완료되었다.

▲ 쿠바의 수도 아바나에 다시 성조기가 올라고 있다

쿠바는 50여 년 미국에 맞섰다. 미국의 제재·봉쇄 정책(Embargo)은 반세기를 넘겼다. 피델 카스트로는 다윗의 신화를 연출했다. 골리앗 미국은 수모를 당했다. 아바나 혁명박물관 1층 출구 벽에 '바보들 코너'(Rincon de los Cretinos)가 있다. 쿠바 민중을 탄압한 친미 독재자 바티스타와 미국의 세 대통령 레이건, 아버지 부시, 부시이다. 여기에는 이렇게 적혀 있다. "고맙다. 우리의 혁명을 성공시켜준 바보 바티스타, 쿠바를 강하게 해준 바보 레이건, 쿠바를 공고하게 해준 바보 아버지 부시, 사회주의를 돌이킬 수 없게 도와준 바보 부시." 쿠바는 신화와 진실이 얽혀 있다. 과거와 현재가 섞여 있다. 피델 카스트로의 혁명은 세상을 뒤집었다. 혁명광장에는 체 게바라의 얼굴 형상이 있다. '영원한 승리의 그날까지(Hasta la Victoria Siempre)'라는 글귀가 달려 있다. 피델 카스트로에게 보낸 체 게바라의 작별 편지 글귀다.

2015년 7월 20일, 미국과 쿠바는 워싱턴과 아바나에 각각 대사관을 재개설함으로써 1961년 국교 단절 이후 54년 만에 양국 관계를 완전히 정상화했다. 세계질서에서 냉전 마감과 더불어 사회주의 블록들이 붕괴되고 쿠바를 옥죄어 왔던 미국의 압박 봉쇄에도 쿠바 혁명은 꿋꿋하게 살아남았다. 미국과의 관계 정상화로 파급될 변화의 바람에 혁명의 나라 쿠바가 어떻게 대응하고 전개될 것인가가 국제정치의 관심사다. 독재와 부패, 친미 맹종의 바티스타 정권을 몰아낸 혁명정부는 민중을 해방시키고 평등과 국민들의 의식주, 교육, 보건의료를 나라가 책임지는 실험과 신화를 만들었다. 쿠바는 이런 사회 시스템을 중남미, 아프리카, 아시아의 제3세계에게 수출하고 지원하였다. 미국은 이런 쿠바를 지금도 달가워하지 않고 있다.

IV

쿠바혁명사

1. 혁명의 배경

2. 혁명과정과 사회주의 혁명

3. 혁명정부와 체제 개혁

4. 쿠바와 숨결 하는 4대 영웅 거목

5. 혁명 이후의 여정

1
혁명의 배경

　쿠바는 400년 스페인의 식민 지배를 받으면서 19세기 초반부터 중반에 걸쳐 멕시코, 브라질, 아르헨티나 등 남미 지역 대부분이 독립하였는데 쿠바는 해방되지 못했다. 카리브해의 진주로 불리는 쿠바의 지정학적 위치 때문이다. 이러한 굴곡진 지난한 역사에도

제 4장

▲ 아바나에 입성한 혁명세력들

불구하고 중남미의 지도적 국가로 성장하자 미국은 쿠바를 손에 넣기 위해 다양한 공작과 와해작전을 전개하여 왔다. 1898년 쿠바인의 독립투쟁 승리가 다가왔을 때 쿠바의 독립을 돕겠다는 명분으로 미국이 참전을 선언했지만 실은 쿠바를 지배하기 위한 것이었다. 미국은 제퍼슨 대통령 때인 1800년부터 쿠바에 눈독을 들이고 있었다. 1898년 쿠바를 군사 점령한 미국은 쿠바 모든 독립 세력의 무장을 해제시킨 뒤 군정을 시행하였다.

쿠바는 미국과 스페인 전쟁에서 미국이 승리하자 1902년 스페인으로부터 독립하였지만, 미국이 군정을 실시하며 쿠바 점령을 본격화하자 사실상 미국의 지배하에 들어가게 되었다. 토지와 주요 산업이 미국자본과 쿠바 매판 대지주들에게 독점화 되면서 친미 독재정권의 부패와 더불어 쿠바사회는 피폐화되고 국민들은 불평등한 착취와 실업으로 궁핍한 생활을 벗어날 수 없었다. 쿠바사회 곳곳에서 민중봉기가 일어났지만 미국의 비호하에 좌절되고 진압되었다. 1953년 7월 26일 피델 카스트로의 주도하에 몬카다 병영에 대한 공격을 기점으로 혁명세력이 조직화되고 게릴라전의 혁명투쟁이 본격화 되었다. 풀헨시오 바티스타 정권은 1944년 실각한 후 1952년 미국의 지원을 등에 업고 무혈 쿠데타를 일으켜 친미 독재정권으로 재집권하면서 쿠바는 사실상 미국의 종속적 국가가 되었다.

신항로 개척 이후 스페인의 식민지였던 쿠바는 미국과 스페인의 전쟁 이후 1902년 독립하였지만, 미국 자본에 예속된 사탕수수 등 쿠바의 대표적 농업 경제가 실질적으로는 미국의 지배하에 있었다. 토지가 미국 자본과 쿠바인 대지주들에게 집중되어 있었기 때문에 일반 국민들은 궁핍한 생활을 벗어날 수 없었다. 게다가 독재정권의 부패도 심화되어 여러 차례의 민중봉기가 일어났지만 미국의 비호하에 진압되었다.

쿠바가 미국의 연안에 근접해 있다는 지정학적 위치와 사탕수수 등 풍부한 농업환경 때문에 미국은 일찍부터 쿠바에 관심을 가졌다. 미국이 쿠바와의 교역을 증진시켜 나가면서 미국의 산업자본이 쿠바사회에 본격적으로 침투하자 카리브해 지역과 파나마 운하 연계 등 쿠바가 갖는 전략적·군사적 중요성이 증대되고 이는 미국으로 하여금 쿠바에 해군기지를 확보하는 상륙정책으로 전진하게 하였다.

400년 스페인 식민통치가 끝나고 독립국가가 되었지만 독립을 쟁취하고자 투쟁을 일으키기 전부터 개입을 노리던 미국이 독립전쟁을 도와줬다는 구실로 점령체제를 본격화하자 미국의 지배에 신음하던 쿠바 민중들이 저항하기 시작하였다. 1957년 기준 쿠바 인구는 640만명이었는데 천연자원이 풍부한 나라에서 풍요는 고사하고 극심한 실업률에 시달리며 민중들의 불평등과 빈곤은 심화되어 갔다. 이러한 현실에서 피델 카스트로를 중심으로 쿠바 혁명세력들이 조직화 된다. 게릴라 투쟁 공격노선을 결정한 혁명세력들은 1956년 '7월 26일 운동'을 시작으로 11월, 82명의 게릴라들을 태운 그란마호가 멕시코의 항구를 떠나 쿠바로 향한다. 쿠바 상륙 전에서 이들 중 70명이 숨지고 카스트로, 게바라를 포함하여 살아남은 12명의 게릴라들이 산악지대로 숨어 들어가 무장혁명의 거점을 건설한다.

▲ 쿠바 혁명군 요트 그란마

사탕수수 재배가 주 수입원이던 쿠바경제는 사탕수수 농장의 대부분이 미국자본의 소유였고 생산된 설탕의 대부분을 미국이 가져갔다. 모든 면에서 쿠바를 지배하던 미국은 경제적 이익을 보호하기 위해서 미국의 통제와 비호를 받는 독재정부가 필요했고 필요할 때마다 군사개입을 통하여 이러한 목적을 손쉽게 달성했다. 이러한 현실에서 절대다수의 쿠바인들은 착취당하는 노동력으로 빈곤한 생활을 할 수밖에 없었다. 이러한 미국의 정치·경제 점령은 쿠바민중들의 분노를 최고조에 달하게 했으며 혁명의 열기에 화약

▲ 카스트로를 따르는 쿠바 농민들

고 역할을 하게 되었다.

민중들의 욕구와 분노에 결합한 혁명세력들의 전략은 농민들의 지지 확산으로 이어지고 산악지대 혁명 거점 건설과 게릴라전 전술로 정부군을 공격할 수 있는 무장혁명 기반을 공고히 하게 된다. 쿠바 민중봉기와 카스트로의 혁명군이 미국사회에 알려지자 미국 정부는 쿠바에 대한 무기수출을 금지하고, 바티스타에 대한 지지를 철회하였다.

7. 26 운동

1953년 7월 26일은 피델 카스트로의 주도 아래 137명의 반군이 쿠바 동남부 산티아고에 있는 지역 방송국과 병원을 접수하고 몬카다 병영을 습격한 무장투쟁노선의 쿠바혁명 불을 당긴 시작점으로 쿠바혁명사에서 '7.26운동'이라 불린다. 다시 말해 1953년 7월

26일에 발생한 산티아고 육군병영에 대한 공격을 기념하여 붙여진 것이다. 이 사건으로 27세의 젊은 변호사 혁명운동가 피델 카스트로가 바티스타군에 체포되어 15년형을 선고 받고 그 유명한 최후 진술 "역사가 나를 무죄로 하리라"를 남기며 혁명지도자의 길을 걷는 시발점이 되었다.

민중들의 저항 여론에 힘입어 복역 20개월 만에 풀려난 카스트로가 멕시코로 망명하여 게바라를 만나고 훈련된 게릴라 조직을 결성하는 1955년부터 7·26운동이 공식적으로 시작되어 1958년 7·26 운동 세력은 바티스타에 반대하는 대부분의 조직들과 함께 '연합위원회'(Junta of Unity)에 참여했으며 혁명이 성공된 후 1961년 연합혁명조직에 흡수 · 통합되었다. 7·26운동에 동참했던 지도자들은 쿠바에 남아 정치활동을 주도했다. 이 운동은 농민에게 토지분배, 공공부문의 국유화, 산업화, 대중교육 등의 개혁정책을 제창하며 세력이 확산되어갔고 1957년초 시에라 마에스트라 산맥에서 투쟁하던 카스트로 혁명군의 핵심이 되었다.

제 4 장

2
혁명과정과 사회주의 혁명

소수의 혁명투쟁세력은 친미 독재자 바티스타와의 대결에서 군사적으로는 항상 수세에 몰렸지만 게릴라를 지망하는 농민 노동자 등 쿠바인들의 수가 늘어가면서 정권을 위협하기 시작하였다. 1958년 12월 31일 바티스타가 가족들을 데리고 도미니카로 망명하자 1959년 1월 카스트로는 혁명군을 이끌고 아바나로 입성한다. 쿠바혁명이 성공한 것이다. 1959년 1월 1일 바티스타 정권을 축출하고 민주주의 혁명을 이루게 되었다. 초기에는 토지개혁 등 민주주의 혁명의 성격을 띠었으나, 1960년 후반 이후부터는 사회주의 혁명으로 이행하기 시작하였다. 1961년 1월 미국과 국교를 단절하고, 이어 미국기업의 국유화와 농업의 집단화를 단행하였다. 4월 16일 카스트로가 혁명의 사회주의적 성격을 선언함으로써 사회주의 국가가 탄생하였다.

쿠바 혁명(1953년 7월 26일~1959년 1월 1일)은 쿠바에서 피델 카스트로, 체 게바라, 라울 카스트로 등의 사회주의 혁명가들이 두

차례에 걸친 무장 투쟁을 벌여 1959년 1월 1일 풀헨시오 바티스타를 몰아내고 정권을 잡은 혁명을 말한다. 7·26운동세력과 혁명 조직들이 당시 풀헨시오 바티스타 장군의 독재 정권을 전복하는 공격을 개시하였다. 1956년 12월 2일 피델 카스트로가 이끄는 82명의 무리가 무장 저항 운동 단체를 설립할 목적으로 시에라 마에스트라에 집결 무장혁명을 준비하였다. 1958년 말, 그들은 시에라 마에스트라를 출발, 봉기를 일으켰고, 많은 민중들이 동참하였다. 체 게바라의 게릴라부대가 산타 클라라(Santa Clara)를 점령하자, 바티스타 정권은 몰락의 길로 들어서고 카스트로의 군대가 1959년 1월 8일 수도 아바나에 입성하면서 혁명을 성공하였다. 바티스타가 탈출하자 마누엘 우루티아 레오(Manuel Urrutia Lleó)가 권력을 장악하였지만 피델 카스트로의 혁명군 공격으로 레오는 미국으로 탈출하였다.

▲ 체 게바라와 피델 카스트로의 혁명시절

1959년 1월 바티스타의 독재 정권을 축출할 때 피델 카스트로 혁명 세력은 사회주의 혁명을 표방하지 않았다. 반제국주의, 민족 주권 회복, 인민민주주의와 사회 정의 실현이 혁명투쟁의 지향점 이었다. 카스트로는 1895년 '제2차 독립전쟁' 도중 사망한 호세 마르티의 투쟁을 계승하고자 하였다. 쿠바의 민족시인이자 대문호이며 독립운동가인 호세 마르티는 1891년 라틴아메리카의 유럽지배와 식민지 사관을 바로잡고 아메리카 정체성을 찾는 저항운동 및 독립투쟁을 선도한 쿠바민중의 위대한 지도자이다. 카스트로는 호세 마르티의 민중저서를 쿠바인의 스승이라 숭상하며 호세 마르티를 혁명시발의 결정적 계기가 되었던 '7월 26일 운동'의 정신적인 아버지로 추앙했다.

'7월 26일 운동'의 강령에 따르면, 혁명 세력은 정치적 주권과 자유, 경제적 독립, 그리고 문화적 고유와 조화를 명시했으며 "국민의, 국민에 의한, 국민을 위한 정부는 사라지지 않는다.(Goverment of the people, by the people, for the people shall not perish from the earth)"라는 미국 링컨 대통령의 1863년 11월 19일 펜실베니아 게티스버그 연설을 지향목표로 하였다. 민중에게 주권을 돌려주고 독립적 지위를 지니는 쿠바의 재탄생이었다. 쿠바는 1902년 명목상으로 독립을 이뤘지만 미국의 개입으로 1950년대 중반까지 여전히 토지, 농업, 광물자원, 공공서비스, 금융, 교통수단과 같이 중추적 경제적 기반은 대부분 미국 영향의 외부 세력에게 귀속되어 있었기 때문에 종속 구조를 타파하고 인민민족주의 자주화로 쿠바 인들의 이익 증대와 정치·사회·경제·문화적 권리가 충족되고 보장되는 국가 사회 정의를 구현하는 것이 혁명이념이었다.

▲ 혁명시대의 카스트로와 게바라 혁명세력들

'7월 26일 운동'은 외세 중심의 자본주의 체제의 독점과 착취, 특혜와 특권의 굴레로부터 벗어나는 인민계획경제 체제를 수립하는 것이었다. 혁명에 성공한 카스트로는 이를 위해 쿠바를 수탈적 기지화하여 부를 축적한 외세 자본과 자산을 국유화하고 몰수된 토지 농업개혁을 통해 분배와 교육, 의료 등을 평등화 하였다. 이로 인해 혁명 정부는 1898년 이래 긴밀한 이웃관계에 있던 미국과 갈라지게 된다. 미국인들이 쿠바 사탕수수 플랜테이션의 절반과 제당 공장의 75% 이상을 소유하고 있었으므로 쿠바인민의 주권회복을 위해서는 혁명정부가 택할 수 있는 유일한 방법이었다.

1898년 미국과 스페인의 전쟁이 미국의 승리로 끝난 뒤 '스페인의 마지막 식민지'였던 쿠바는 사실상 미국의 보호령이 되었다. 미국은 1899년부터 1902년까지 쿠바에서 군정을 실시하고 관타나모 만에 해군 기지를 설치했으며, 플랫 수정안을 통해 언제든지 쿠바의 내정에 개입할 수 있는 법적 근거까지 마련했다.

미 공화당 의원인 오빌 플랫(Orville H. Platt)이 연방 상원에 제출했기 때문에 플랫 수정안이라고 부르는 이 악법이 미 군정기간이었던 1902년에 반 강제적으로 쿠바 헌법의 일부로 편입되었다. 쿠바인들이 주권에 대한 제국주의적 침해라고 반발했지만 이 수정안이 1934년 폐기될 때까지 미국은 이를 근거로 친미정부 유지와 미국인 투자를 보호한다는 명목으로 여러 차례 군대를 파견했다.

쿠바혁명의 시점은 1953년 7월 26일 쿠바 동남부 산티아고에 있는 몬카다 병영의 습격 사건과 더불어 시작된다. 당시 쿠바의 최고 권력자 풀헨시오 바티스타는 1940년에 대통령으로 선출되어 1944년까지 재임하였지만 퇴임 후 미국의 지원을 받아 1952년 군사쿠데타를 일으켜 다시 정권을 장악, 의회를 해산시키고 친미정권을 세웠다.

1961년 사회주의 국가가 된 쿠바와 소련이 우호 협력관계를 형성하자 미국 정부는 쿠바에 대한 제재와 압박의 강도를 높였다. 미국 정부는 1960년 10월 대 쿠바 통상금지령과 1961년 1월 단교 선언에 이어 미주기구(OAS:Organization of American States)를 통해 쿠바를 압박하고 봉쇄하는 작전에 들어간다. 1962년 2월 우루과이의 푼타 델 에스테(Punta del Este) 회의에서는 미주기구 차원의 대 쿠바 통상금지령을 통과시키고 사회주의 국가라는 이유로 쿠바의 미주기구 회원 자격을 박탈함으로써 아메리카에서 쿠바의 고립을 노골화 하였다.

미국의 영향 아래 있는 대다수 라틴아메리카 국가들은 쿠바와 외교관계를 단절했다. 아울러 미국 중앙정보국은 1960년 8월 마피아 조직을 통해 카스트로의 독살을 꾀한 것을 비롯해 수 십 차례 암살을 시도했다. 쿠바는 체제의 존립을 위해 소련의 후원에 더욱 더 의존하게 되었다. 미국의 적대적 대 쿠바 붕괴공작과 침공은 냉전 강화와 더불어 쿠바 혁명 정부가 겪는 최대의 위협이었지만 오히려 미국의 쿠바공작이 내부적으로는 혁명정부를 더욱 공고하게 해주고 반미 전선을 범 국민적으로 확산시키는 통합 결속을 가져다 주었다.

쿠바의 역사가들은 1953년 7월 26일 운동과 몬카다 병영 습격 사건을 1850년대 나르시소 로페스(Narciso Lo'pez)의 쿠바 해안 상륙작전, 1868년 야라의 함성, 1895년 바이레의 함성과 항쟁, 1868~1898년의 쿠바 해방 전쟁, 1930년대의 1차혁명의 쿠바 등

100년 투쟁 항거의 맥을 잇는 역사적 쿠바인민항쟁이라고 기술하고 있다.

카스트로는 15년 형을 선고 받고 '이슬라 데 피노스' 교도소에서 복역하다가 1955년 5월 여론과 사회세력의 비판과 저항이 거세지자 바티스타의 사면령에 따라 석방된 뒤 곧 멕시코로 망명했다. 바로 이 망명지에서 아르헨티나 출신의 혁명가 에르네스토 체 게바라(Ernesto Che Guevara)를 운명적으로 만나게 되고 쿠바 해방에 의기투합하여 무장투쟁을 결의하게 된다. 1956년 '7월 26일 운동'을 시작으로 11월 카스트로가 이끈 공격대원 82명의 게릴라들을 태운 그란마호가 멕시코의 항구를 떠나 쿠바로 향한다. 이 때부터 '그란마'는 혁명의 모태이자 쿠바 사회주의의 초상(肖像)이 되었다. '그란마'는 쿠바 공산당 중앙위원회의 공식 기관지의 이름이기도 하다.

쿠바 진입작전에 실패하고 대부분의 공격대원이 희생되자 카스트로, 게바라 등 잔존 쿠바 혁명세력들은 동부 시에라 마에스트라의 산악지대에 거점을 확보한 뒤 게릴라 활동을 통해 정부군에 맞섰다.

카스트로는 혁명세력의 집권을 위해 군사 투쟁과 정치 투쟁을 병행하며 농민과 민중들을 규합하여 1958년 3,000여명의 시민부대를 형성하고 체 게바라의 게릴라 부대는 카밀로 시엔푸에고스

(Camilo Cienfuegos), 라울 카스트로와 함께 산악 전투에서 탁월
한 전과를 올리었다. 1958년 당시 피델 카스트로, 라울 카스트로
형제와 체 게바라를 비롯한 쿠바 게릴라 지도자 일곱 명의 평균 연

▲ 혁명전사들의 아바나 입성

령은 28살에 불과한 청년 게릴라 전사들로 구성되어 있었다. 이러한 소식이 뉴욕타임즈를 통하여 미국사회에 알려지자 쿠바 혁명세력은 국제적인 관심과 주목을 받기 시작하였다.

쿠바혁명사에는 혁명의 시발점이 산티아고에 있는 몬카다 병영과 바야모의 병영을 습격한 1953년 7월 26일로 기록되고 있다. 160여명의 무장 반란군이 가담했지만 다수의 희생자를 내고 주도자인 피델 카스트로와 라울 카스트로 형제가 생포되었다. 피델 카스트로는 피노스 섬에 있는 프레시디오 모델로 감옥에서 15년 징역을 선고 받았으며, 라울은 13년형을 받았다. 1955년 바티스타 정권은 반발하는 사회세력들의 저항을 무마하기 위하여 몬카다 병영을 습격한 쿠바의 모든 정치범과 연루자들을 석방했다.

특별 사면으로 풀려난 카스트로 형제는 바티스타 독재정권을 축출하기 위해 멕시코로 가는 망명자들과 합류하여 혁명세력을 규합 하였다. 이때 피델은 멕시코에 있던 체를 만나 쿠바혁명에 의기투합하고 군사훈련과 게릴라부대를 편성 혁명군대를 조직화 한다. 1956년 11월 피델이 이끄는 혁명세력들은 요트 그란마호를 타고 쿠바로 간다. 1956년 12월 2일 피델 카스트로가 이끄는 82명의 전사들이 쿠바에 도착하여 남동부의 시에라 마에스트라 산맥으로 이동, 투쟁작전을 준비하던 중 바티스타 군대의 공격을 받았다. 이 공격으로 생존자는 피델 카스트로, 체 게바라, 라울 카스트로, 카밀로 시엔푸에고스 등 12명 뿐이었다.

다행이 농민들과 청년 여성들이 가세하여 게릴라군 조직을 재건하였다. 바티스타 정권과 군은 반란군을 진압한다면서 쿠바의 주요 도시들을 통제 억압하고 극열한 소탕작전을 전개하였다. 그러나 시에라 마에스트라 산맥에서 카스트로는 무장투쟁에 합류하는 인민들이 늘어나면서 바티스타 군의 요새들을 공격하는데 성공했다. 한편 체 게바라와 라울 카스트로는 그들이 생포한 바티스타 일당과 반 혁명분자들을 처단하며 산악전선을 넓혀 나갔다. 이런 결과로 바티스타 군은 전의를 상실해 갔으며 지역 인민 단체들은 카스트로의 주력군에 가담하여 병참보급과 정보 등 다양한 협력을 하였다. 카스트로는 주요 요새를 통제 점령하게 된다.

1958년 2월 혁명군 라디오 방송을 개설해 혁명군의 전과와 활동을 선전하였다. 쿠바 정부군과 경찰 병력이 30,000명이 넘었지만 이에 비해 카스트로 군대는 200명이 넘지 않은 매우 작은 규모였다. 그러나 그들은 필사적인 혁명군을 대항하지 못하였고 다행이 미국이 1958년 3월 쿠바 정부에 무기 수출을 금지하여 바티스타 군대는 저력을 제대로 갖추지 못하고 있었다.

▲ 혁명 전사자들에게 연설하는 카스트로

▲ 성공한 혁명군들의 입성과 환호

　　이런 여건 속에서도 수적으로 수세에 몰려있는 혁명군 진영은 훈련 받지 못한 신병들이 많은 관계로 바티스타 군의 대 공격인 '여름 작전(Operation Verano)'에 산악지역으로 밀리는 후퇴를 한다. 1958년 8월 21일 카스트로의 군대는 반격을 시작했다. 혁명군은 전선을 나누어 피델 카스트로, 라울 카스트로가 이끄는 부대는 가우토 평야로, 체 게바라, 카밀로 시엔푸에고스가 이끄는 부대는 산타 클라라 서쪽으로 진격했다. 이 과정에서 현지 반란 저항세력들과 연합한 혁명군은 모든 전투에서 승리를 거둔다. 체 게바라가 이끄는 게릴라 부대는 마침내 산타 클라라 시를 점령하게 되었고 이 패배 소식으로 바티스타는 1959년 1월 1일 도미니카공화국으로 도주했다. 카스트로는 바로 산티아고 데 쿠바를 점령하기 위해 협상을 시작하고 카스트로 군대가 도시를 점령했다. 이때 체 게바라와 카밀로 시엔푸에고스 군대는 아바나로 진입했다. 이어서 카스트로가 1월 8일 아바나에 입성하면서 쿠바혁명은 성공적으로 완료되었다.

▲ 쿠바혁명정부 탄생

3
혁명정부와 체제 개혁

▲ 쿠바혁명 사회주의 체제로

　1958년 12월 산타 클라라 전투에서 체 게바라의 게릴라 부대가 도시를 해방하고 결정적인 승리를 거두고 마침내 1959년 1월 1일 주력 부대가 아바나에 진입하는데 성공했다. 아바나에 입성한 혁명세력이 혁명정부를 구성하며 카스트로와 함께 혁명의 쌍두마차인 체 게바라는 쿠바혁명의 안착을 주도하였다. 미국의 단교선언 후 체 게바라는 산업부 장관으로서 국영 기업들을 관리하고 산업화 4개년 계획을 지휘하며 제당을 비롯한 주요 산업의 국유화를 통해 정부가 국가 경제 분야에 직접 개입하게 되면서 중앙계획과 국가주도의 경제 발전이라는 사회주의적 방식의 경제계획이 수립되었다. 공업을 육성하려던 체 게바라의 산업화 정책은 소련의 지원

▲ 혁명에 함성하는 민중들

이 여의치 않고 미국의 봉쇄 정책으로 큰 성과를 거두지 못했다. 체 게바라는 1965년 소련의 패권적 태도를 비난하고 모든 공직과 쿠바 시민권을 반납한 뒤, 아프리카 콩고(민주공화국)와 남아메리카 볼리비아의 혁명 투쟁에 가담한다.

체 게바라가 아프리카 콩고로 떠나자 피델 카스트로는 혁명정부가 당면한 과제인 국가안보와 애국심의 강화, 우호적인 세력과의 국제적 연대를 위해 정치적 민주주의 구현을 뒤로하고 혁명정부와 함께하는 쿠바노동자연맹(CTC), 전국소농연합(ANAP), 쿠바여성연맹(FMC)과 같은 새로운 단체의 창설을 지원했다. 1961년부터는 문맹퇴치 캠페인과 보건의료 체제의 개편을 추진해 본격적으로 대중 동원 체제를 구축하였다.

혁명정부는 바티스타의 친위대로 분류되는 관료·경찰·군인들이 자행한 살인, 고문, 인권 유린, 부패를 전쟁범죄로, 반 혁명분자를 독재 부역자로 분류하여 인민재판과 정치범죄 혁명 재판소에서 사형과 장기징역으로 처단하였다. 격전지였던 산티아고에서 생포된 바티스타 정권 포로 70명을 라울 카스트로의 명령으로 즉결처분하기도 하였다. 혁명의 길에 걸림돌이 되었던 잔재들의 청산작업이 대대적으로 시행, 집행되었지만 단순히 명령에 따르고 행적이 경미한 경찰이나 군무자들은 극형을 면하였다.

혁명정부는 1961년 미국의 피그스 만 침공 이후 이들과 직·간

접으로 연결된 로마 가톨릭교회 등 종교 단체의 모든 재산을 국유화하고 성직자들을 추방했다. 부유층 자녀들이 다니던 사립 학교를 폐지하고 산골 벽촌까지 학교를 세워 모든 인민이 9학년까지 양질의 무상교육 서비스를 보장받게 되었으며 의료시설도 국유화하고 증설하여 쿠바의 모든 국민이 양질의 의료 서비스를 무상으로 제공받게 제도화 하였다.

쿠바 정부는 문맹을 없애고 토지 개혁을 단행했다. 토지와 농업개혁으로 대토지를 협동농장으로 분할하여 인민 생활 수준이 향상되도록 노력하였다. 혁명효과를 확대하기 위하여 혁명에 가담한 자들과 지지자들 중심으로 혁명시민군을 창설, 국가권력기반을 공유하도록 하였다. 1959년 2월 피델 카스트로는 쿠바의 총리로 취임하여 국가 경제 개혁에 착수했다. 인민생활과 직결되는 임대료와 전기 요금을 내리고 5월에는 토지개혁법으로 토지와 공공시설을 몰수하여 국유화하였으며 도박 산업과 유흥, 행락, 퇴폐 업종을 금지시켰다.

쿠바에 거주하는 미국 시민권자들을 축출하고 이들이 소유한 크고 작은 모든 농장들을 몰수했으며 쿠바의 중상류층이 소유하던 토지, 기업은 물론 피델 카스트로 가족이 소유한 농장까지도 국유화하였다. 쿠바의 중산층은 카스트로가 정권을 잡자마자 대부분 쿠바를 탈출, 미국의 마이애미에 정착하여 격렬한 반 카스트로 운동을 벌이며 미국의 대 쿠바 봉쇄정책에 일조를 하였다.

혁명정부 초기에는 토지개혁 등 민주주의 혁명의 성격을 띠었으나 1960년 후반 이후부터는 사회주의 혁명으로 이행하기 시작하였다. 1960년 말까지 혁명 정부는 총 250억 달러에 달하는 사유 재산을 국유화하였다. 이로 인해 미국과의 관계도 악화되었다. 미국이 가져가던 쿠바의 설탕은 소련에 판매되었으며 양국은 통상 기술 등 경제 교류 협력을 긴밀히 하게 되었다. 이에 맞서 미국은 미국 내 쿠바인의 자산을 동결하고 쿠바에 대한 통상 교류 협력을 제한하고 금지시켰다. 1960년 말까지 정권에 반대하는 모든 신문사들이 폐쇄되었고 모든 라디오, 텔레비전 방송국은 정부의 통제에 놓이게 되었다. 1961년 새해 쿠바혁명정부의 축제 퍼레이드에는 소비에트 연방의 탱크와 각종 무기가 행차하여 라틴아메리카 군사 강국의 면모를 과시하였다. 쿠바는 단기간 안에 소련의 막강한 군사력을 보유하는 우방국이 되었다.

혁명정부는 농업 토지 개혁을 통하여 대농장들을 몰수하고, 반혁명세력과 친미 매판자본가들을 숙청하여 열광하는 민중들의 환호에 답했다. 미국자본에 편승하여 부를 누리던 쿠바의 악덕 기득세력들은 미국 플로리다 탈출로 이어졌고, 이들의 재산은 혁명의 전리품으로 빈민들에게 분배되었다. 혁명정부는 물가를 동결하고 임금을 인상하여 서민생활을 안정시키고 마을단위로 혁명을 조직화 하였다.

▲ 혁명정부 토지개혁과 협동농장

    쿠바의 혁명 정부는 1961~1962년 냉전 대립의 격화 속에서 체제의 생존을 보장할 수 있는 수단을 강구하고자 사회주의적 방식을 선택하였다. 미국의 지원과 후원을 받는 반 카스트로 세력의 저항이 일어나자 카스트로는 1961년 4월 쿠바혁명은 "가난한 자의, 가난한 자에 의한, 가난한 자를 위한 민주적이고 사회주의적인 혁명"이라고 선언하고 자신을 마르크스 · 레닌주의자로 자처하는 혁명지도자의 정리된 정체성을 제시하였다. 이로서 혁명 이후 쿠바는 반제국주의 혁명의 수출기지가 되었다.

쿠바혁명은 군부 정권의 탄압에 반발한 과테말라의 일부 군 장교들과 저항 세력이 1960년 마르크스 · 레닌주의를 표방하고 산악지대에 거점을 마련한 뒤 1996년 12월 말까지 길고 긴 내전을 전개하는데 도화선을 제공했다. 그리고 니카라과의 산디니스타 민족해방전선(1961)이나 엘살바도르의 파라분도 마르티 민족해방전선(1979)과 같은 게릴라 조직의 결성에 영향을 주었다. 1966년 1월 쿠바 아바나에서 개최된 '아프리카 · 아시아 · 라틴아메리카 민중연대 회의'는 식민통치가 끝난 뒤에도 지속되는 국제 자본과 서구 열강의 사회 · 경제 · 문화적 지배에 대항해 새로운 제3세계 국제주의적 연대 수립을 결의 하였다. 쿠바혁명은 1990년대 초 제3세계 전반에 대안적 발전 모델을 제시하고 민족주의 형성에 크게 기여했다.

혁명정부가 수립된 후 쿠바사회는 혁명의 환희와 새로운 열망, 혁명지도자 카스트로의 리더십, 민중해방과 인민주의 등으로 혁명의 역동성이 효과적으로 유지되었지만 체제의 공고화 과정은 변혁을 주도할 혁명 정당의 미비와 정치적 제도의 미흡, 사회주의 선언 이래 15년이 지난 1976년에야 사회주의 헌법이 제정되는 등 시행착오가 따랐다. 혁명 운동의 온건파는 점차 뒷전으로 밀려나고 중산층 출신의 급진파가 고위직을 독점한 반면 노동자와 농민들은 부차적인 역할만 수행하는 구조가 되었다. 이에 대한 비판과 불만이 일어나자 1976년을 기점으로 전국 곳곳에 민중 권력의 지부가 설치되었고 경제 관리와 계획체제의 일꾼들이 편입되며 여러 생산

단위에서 관리와 정책 결정의 자율성이 보장되었다. 노동조합과 지역공동체에 대중의 참여를 확대하는 이런 조치들은 관료제의 폐해를 없애고 사회주의 체제를 확고히 다지는 노력이 실행되었다.

독립한 쿠바는 미국에 대한 정치, 경제, 사회, 문화 등 사회 전반에 걸쳐 의존도가 매우 컸다. 거의 미국의 작은 주처럼 되어버린 쿠바의 아바나는 향락 도시가 되었다. 각종 카지노가 생기고 음악과 춤이 많이 보급되고 개발되었다. 쿠바의 혁명으로 미국의 잔재가 청산되자 미국의 봉쇄정책으로 작물을 키울 비료도 구하기 어려웠다. 쿠바는 이를 극복할 대체 수단으로 친환경농법을 개발하고 성공하여 선진 농업국으로 세계가 주목하는 청정 농사시대를 여는 계기가 되었다. 건강복지의 높은 의료수준은 쿠바 국민 모두가 누리는 혜택이다. 교육비가 많이 드는 의과대학도 쿠바에서는 학비가 무료이며 의과대학 졸업 후 의사들은 중남미 지역 국가들에 가서 2년간 의료 서비스를 한다. 의무복무를 마친 이들에게는 아파트 특별분양 혜택을 주어 쿠바의 건강사회를 이끌어 가도록 한다. 이것은 쿠바 사회주의의 자랑이다.

카스트로는 1986년 혁명성과가 지지층의 이탈로 확산되자 기존 정책의 변화를 추진하였다. 농촌경제의 향상과 인센티브제 도입, 투자확대와 더불어 주택, 병원, 탁아시설 같은 사회 안전망의 확충에 초점을 맞추었다. 1959년부터 몇 년 동안 바티스타 일파나 군 장교 같은 반혁명 세력뿐만 아니라 수십만 명의 중상류층, 전문직

업인들이 쿠바를 탈출하였지만 1980년대 초부터는 이념적·정치적 이탈자뿐 아니라 생활고에 시달리는 보통 사람들의 탈출이 이어졌고 그런 경향은 1990년대 초 소련과 동유럽 사회주의 진영의 몰락을 보면서 가중되었다. 이와 더불어 미국의 봉쇄정책은 1990년대에 접어들어 강화되었다. 1992년 미국 의회에서 이른바 '쿠바 민주주의 법'이 통과되면서 쿠바인들의 삶은 더 고단해지기 시작했다.

쿠바 정부는 외국인 투자자에 대한 유인책 제공, 달러화의 합법적인 유통, 관광 활성화, 대규모 국가 농장의 협동조합화, 완전고용 정책의 중단을 통해 부분적으로 자본주의적 관행을 도입하기에 이르렀다. 1993년 이후 제한적 범위 내의 상품 판매 허용, 자영업과 농민 시장의 확대를 허용하였다.

쿠바노동자연맹을 비롯한 혁명 단체의 동원력은 현저히 감소했고 혁명시대 쿠바의 역동성 또한 크게 약해졌다. 원주민보다 더 열악한 환경 속에 살고 있던 쿠바 농민들과 민중들에게 해방과 희망을 준 쿠바혁명은 자본주의 공격을 받으며 지난 50년 동안 영욕의 세월을 관통해 지금도 진행 중이다.

제 4 장

▣ 카스트로와 게바라의 결별

1961년 말 소련과 교류 협력을 하면서 혁명정부를 이끌던 피델 카스트로는 자신이 마르크스-레닌주의자라고 선언했다. 소련의 볼셰비키 혁명과 공산주의 체제에 매혹된 것이다. 이상적인 사회를 위한 혁명의 방향과 목표는 국가체제를 어떤 정치 이데올로기를 근간으로 하느냐가 핵심이다. 민중농민해방이라는 일념으로 혁명을 기획하고 투쟁하고 이끌어 성공시킨 카스트로는 혁명 전이나 과정에서 어떤 특정한 이념주의를 꿈꾸지 않았다. 그러나 혁명정부가 구성되고 혁명을 실천하는 국가를 경영하기 위해서는 기본 토대가 되는 국가주의 형태와 방향이 장치되어야 했다. 제국주의와 자본주의에 의해 시달리고 핍박당하여 온 쿠바로서는 사회주의가 유일한 선택이었다.

이에 비해 자본주의도 사회주의도 아닌 이상적인 사회를 꿈꾸며 '푸른혁명'을 부르짖던 게바라는 제국주의와 독재부패정권에 시달리는 제3세계 해방을 돕기 위해 1965년 카스트로와 결별하고 쿠바를 떠나 아프리카의 콩고로, 남미의 볼리비아로 그의 혁명거점을 차례로 옮겼다. 영원한 혁명가의 길을 걷기로 선택한 것이다.

4
쿠바와 숨결 하는 4대 영웅 거목

■ 체 게바라

에르네스토 라파엘 게바라 데 라 세르나(Ernesto Rafael Guevara de la Serna, 1928년 6월 14일 ~ 1967년 10월 9일)는 체 게바라(Che Guevara)라는 애칭으로 더 잘 알려져 있는 아르헨티나 출신의 혁명가, 정치가, 의사, 저술가이자 쿠바의 게릴라 지도자이다. 1928년 6월 14일, 아르헨티나 로사리오의 바스크-아일랜드 혈통의 경제적으로 풍족한 중산층 가정에서 5남매 중 장남으로 태어났다. 미숙아로 태어난 게바라는 폐렴과 천식으로 어린시절을 부실하게 자랐다. 그러나 장성하면서 럭비같은 격렬한 스포츠를 좋아했던 청년으로 알려져 있다.

아르헨티나 부에노스아이레스 대학교에서 의학을 전공한 게바라는 재학 중이던 1951년 친구들과 오토바이로 남미를 도는 방랑 여행을 경험하며 남미 나라들의 열강 제국주의와 결탁한 우익 독재 부패 쿠데타 정부 하에서 빈부 격차와 노동착취로 민중들이 극도로 빈곤한 삶을 살아가는 반면 부유층은 최상의 삶을 누리는 아메리카 대륙에서 나타난 민중에 대한 억압과 착취의 현실에 대해 눈을 뜨게 되었다. 이 여행을 계기로 평범한 의학도에서 혁명가로의 게바라의 첫 의식 변화가 이루어졌다. 1952년에 볼리비아 인민 운동에 참가하여 외국자본의 유치와 산업 민영화에 반대하는 민중 운동을 경험하였다. 1953년에는 부에노스아이레스 의학대학을 졸업한 후 다시 남미 여행을 떠난다.

▲ 기타를 연주하며 낭만을 즐기던 체 게바라

게바라는 후안 페론의 독재정권 하에 있던 아르헨티나를 떠나 볼리비아 혁명 전선에서 억압을 받아왔던 인디오들의 해방투쟁을 보며 충격을 받고 페루, 에콰도르, 파나마, 코스타리카, 니카라과, 온두라스, 엘살바도르를 거쳐 과테말라에 도착했다. 과테말라에서 빈민들을 위한 의료활동을 하다 조국 페루에서 쫓겨나 과테말라에 망명하고 있던 여성운동가 「일다 가데아」를 만나 사회주의에 심취되고 그녀와 결혼한다. 1950년 10월 선거로 성립된 과테말라 아루벤스 정부는 스페인 식민 시대부터 이어져 오는 수탈 독재 부패로 유린된 사회의 개혁을 진행하고 있었다. 당시 과테말라는 미국 기업으로부터 경제적 독립을 달성하고 착취 당하는 소작농에 대한 농지 분배 등 혁명수준의 급진적인 개혁을 진행하고 있었다. 그러나 군부의 배신으로 미 CIA 지원을 받은 반정부 세력 '까스띠요 아르마스'에 의해 아루벤스 정부가 전복되어 민주 선거로 선출된 과테말라 정통 혁명 정권은 붕괴되었다. 이 사건이 직접적인 계기가 되어 게바라는 무력에 의한 라틴아메리카 혁명을 지향하게 됐다.

과테말라에서 아르마스 정권에 의해 게바라의 암살령이 내려지자 아내 가데아와 함께 게바라는 멕시코로 망명하였다. 1955년 7월 멕시코에서 망명 중인 반체제 쿠바 혁명지도자 피델 카스트로와 만난다. 7월 26일 쿠바 풀헨시오 바티스타 독재 정권 타도를 목표로 혁명세력을 규합하고 있는 카스트로에 공감하고 의기투합하게 된다. 게바라는 반 바티스타 무장 게릴라 투쟁에 참여를 결심하고 스페인 내전의 생존자였던 알베르트 바요 중령에 의한 본격적인 군사 훈련을 받고 쿠바 상륙 준비를 하였다.

게바라는 아내와 딸 이루디다를 멕시코에 남겨두고 카스트로와 쿠바로 향한다. 1956년 11월 25일, 총 82명이 레저 보트 그란마호에 탑승 진격하였으나 상륙 계획이 쿠바 정부군에 유출되어 도착하자 정부군의 습격을 받아 괴멸 상태가 되었다. 생존한 피델 카스트로, 체 게바라, 라울 카스트로 등 혁명동지들은 반격 도전에 성공하여 친미 바티스타 독재정권을 붕괴시킨다. 게릴라전을 이끌며 쿠바 제 2의 도시 산타 클라라를 해방 점령한 게바라는 명실상부한 혁명세력의 2인자가 되어 혁명정부가 구성되자 사회개혁을 책임지는 산업부 장관과 국립중앙은행 총재가 되었다.

1959년 7월 15일, 31세의 게바라는 쿠바의 통상사절단을 인솔하여 일본을 방문하였다. 토요타 자동차공장 트럭과 지프형 4륜구동차 제조라인, 신미스비시 비행기 제작장, 농기계 제작, 비료공장 시설들을 돌아보며 쿠바 혁명정부와의 통상문제를 협의하였다. 귀로에는 히로시마 평화기념공원 내의 원폭 희생자 위령비에 헌화하고, 원폭자료관과 원폭병원을 방문하기도 하였다. 게바라의 일본 방문으로 이듬해에는 일본과 쿠바의 통상협정이 체결되었다.

게바라는 쿠바혁명 전후에서 혁혁한 업적을 이루었음에도 안주하지 않고 새로운 일을 찾아 떠났다. 1965년 4월, "쿠바에서는 모든 일이 끝났다"라는 편지를 남기고 볼리비아로 투쟁무대를 옮겨 바리엔토스 정권을 상대로 게릴라전을 벌였으나, 1967년 10월 9일 미국이 가세한 볼리비아 정부군에게 잡혀 총살당했다. 그의 시체는 30년 후 볼리비아에서 발굴되어 그가 혁명가로 활동했던 쿠바 혁명도시이자 그의 게릴라 부대가 맹활약했던 산타 클라라에 안장되었다.

게바라는 사후에 전 세계적으로 '체 게바라 열풍'을 일으킬 정도로 인기를 끌었고 쿠바혁명의 아이콘이 되었다. 아르헨티나 부유층 집안과 의사의 자리를 버리고 전 아메리카의 쿠데타 정부를 타도하기 위해 혁명에 뛰어들었으며, 쿠바에서 최고의 자리에 오르고도 이를 박차고 또 다른 혁명을 위해 헌신하는 숭고한 모습이 사람들을 감동시켰기 때문이다. "어떤 이유라 할지라도 혁명가로서 임무를 다할 수 없다면, 나는 혁명가를 그만 두겠다" "세상 어딘가에서 누군가가 고통 당하고 있는 부정을 마음 깊숙한 곳에서 진심으로 슬퍼할 수 있는 인간이 되거라. 그것이야말로 혁명가로서 가장 아름다운 자질이다" 라는 명언을 남기었다.

20세기 지성을 대표하던 프랑스 실존주의 철학자 장 폴 사르트르는 1960년 2월 쿠바에서 체 게바라를 만났다. 그리고 그를 가리켜 "우리 시대의 가장 완전한 인간(The most complete human being of our age)이었다"고 평했다. 사르트르가 말하는 '우리 시대'란 격동의 60년대와 70년대 남미를 비롯한 전세계 곳곳에서 군부독재가 판 치고 그런 정부들을 미국이 후원하고 지지하던 시대이다.

▲ 사르트르와 게바라

▣ 피델 카스트로

피델 카스트로(Fidel Castro, 1926년 8월 13일생)는 쿠바의 인권 변호사, 노동운동가, 군인이자 정치가, 사회주의 혁명가이다. 라틴 아메리카의 혁명 지도자로서 1959년부터 1976년까지 쿠바의 총리를 지내고, 1976년부터는 국가평의회 의장을 지내다 2008년 2월에 동생 라울 카스트로에게 의장직을 승계하며 2선으로 물러났다.

피델 카스트로는 쿠바혁명의 시발점이 된 1953년 7월 26일 몬카다 병영 습격의 주역이며, 혁명의 최고 지도자로 떠올랐다. 아바나 대학교 법과대학을 졸업하고 변호사가 된 피델 카스트로는 오르토독소스(Ortodoxos)라고 하는 쿠바 인민당 후보로 1952년 의회 선거에 나섰지만 바티스타의 군사쿠데타로 선거가 무산되고 헌법이 폐기되자 1940년 헌법의 복원과 자유선거 실시를 요구하는 제도권 정치인들과 결별하고 바티스타 정권타도를 위한 무장투쟁의 길을 선택한다. 카스트로를 비롯해 청년 165명으로 구성된 '7월 26일 운동'은 몬카다 병영과 방송을 장악한 뒤 전국적인 봉기의 도화선을 만들고자 했으나 성공하지 못하고 피델 카스트로는 병영 습격 혐의로 체포된 뒤 1953년 9월 100여 명의 동료와 함께 산티아고데쿠바 법정에 기소되어 10월 징역 26년을 구형 받았다. 카스트로는 최후 진술을 통해 바티스타의 불법적인 권력 장악과 '7월 26일 운동'의 저항은 철저하게 합헌적인 투쟁이라고 주장하고 동료 70명을 살육한 야비한 독재자의 광분을 두려워하지 않는 것처럼 감옥 역시 두려워하지 않는다. 역사는 내게 무죄를 선고할 것이다. 라고 하며 당당한 자세로 혁명의 결의를 천명하였다.

▲ 혁명시대의 피델 카스트로와 체 게바라, 혁명동지와 함께

　　카스트로는 쿠바에 정치적, 경제적 영향력을 행사하는 미국과
이에 동조하는 풀헨시오 바티스타 정권의 독재 부패 탄압에 대항
하는 민족주의자였다. 카스트로는 바티스타 정권을 전복시킨 쿠바
혁명으로 권력을 잡아 쿠바의 총리가 되었다. 1965년 쿠바 공산당
제1서기가 되어 쿠바를 일당 사회주의 공화국으로 만들었다. 1976

년 그는 각료 회의 의장과 더불어 국가평의회 의장에 취임하였다. 또 쿠바군의 최고위 군사직인 '코만단테 엔 헤페(Comandante en Jefe, 최고 사령관)'에 오른다.

피델 카스트로는 1926년 농부의 아들로 태어났다. 그의 아버지 앙헬 카스트로 아시스는 농장에서 도면 설계 노동자였지만 1895년에 쿠바 독립세력과 함께 스페인군에 맞서 독립운동을 했다. 1902년 쿠바 공화국이 선포되었지만 쿠바의 완전한 독립은 실패하고 미국이 다시 쿠바를 점령, 친미정부를 두어 사실상 식민지배 하에 들어가 미국이 쿠바의 경제, 정치 및 사회적인 모든 면을 지배하게 되자 절망하고 사탕 수수를 재배하는 농부의 삶으로 돌아갔다. 재혼한 아버지는 두명의 아내에서 여러명의 자식을 두었지만 둘째부인의 아들인 피델은 아버지의 독립운동 행적을 존경하였다. 어린시절은 넉넉지 못한 가정형편으로 불우한 시절을 보내야 했다. 아바나에서 학창시절을 보내며 수영, 등산, 탁구, 육상, 농구, 야구 등 여러 스포츠에 능했지만 학문적으로 뛰어나지는 않았다.

피델 카스트로는 아바나 대학교에 법학을 전공한 법학도였다. 재학 중 쿠바 정권에 항의하는 학생 운동에 연루되어 학생 운동의 배후자로 지목 받았다. 학생운동이 탄압되자 피델 카스트로는 더욱 더 학생 운동에 관심을 갖고 활동을 하였다. 1946년 대학생 연맹 회장이 된 피델 카스트로는 대학의 학생 운동 문화를 반부패적이고 청렴한 문화로 만드는 역할에 앞장을 섰다. 당시 쿠바 집권자인 라몬 정부의 친미 종속적 태도와 쿠바에서 자행되는 미국의 제국주의적 태도를 비판하며 라틴아메리카의 자주독립을 위한 국제적인 학생 운동 조직을 주도하였다.

▲ 세계 정치권력사에서 민중과 평생을 함께한 거목 만델라와 카스트로

1947년 6월 피델 카스트로는 억압과 착취를 일삼는 독재자 라파엘 트루히요 대통령 치하의 도미니카 공화국을 해방시키는 운동에 참여한다. 피델 카스트로의 도미니카 해방운동에 참여한 도미니카 공화국 인민 1,200여명이 쿠바혁명 투쟁시 뜻을 같이 하여 혁명군에 합류해주었다. 1948년 변호사 시험에 합격한 피델 카스트로는 도미니카 공화국에서 쫓겨난 이민자들의 생존권 및 주거권 침탈에 대한 변호를 무료로 해주면서 민중 변호사의 길을 걷는다.

도미니카와 중남미 민중운동에 참여하다 쿠바에 돌아온 피델 카스트로는 주목의 대상이 되었다. 카스트로는 1948년 마르타 디아스 발라트와 결혼을 하고 마르타와 피델 카스트로는 약 3개월 간 뉴욕에서 신혼 여행을 하였다. 여행에서 돌아온 피델 카스트로는 다시 쿠바의 정치 사회 운동에 참여한다. 쿠바의 정치세력인 인민 정통파를 지지한 카스트로는 쿠바에서 정치적 영향력을 행사할 수 있는 다수당이 된 인민정통파의 지원으로 정치권 진입을 준비 하였으나 1952년 3월에 풀헨시오 바티스타가 군사 쿠데타를 일으켜 쿠바의 11대 대통령인 카를로스 프리오 소카라스를 죽이고 새 정부를 세워 대통령이 되자 모든 것이 좌절되었다.

부정한 방법으로 집권한 풀헨시오 바티스타는 급진 친미 반공주의자이었다. 피델 카스트로와 민족주의자들은 풀헨시오 바티스타에 저항하기 시작하였다. 피델 카스트로는 바티스타 집권이 불법이고 친미 종속적으로 미국자본의 쿠바장악과 정부의 부패, 독재 및 민중탄압, 착취에 대한 비판과 반 정부운동을 연대화 하였다. 피델 카스트로는 인민정통파에 무력봉기를 일으키자고 제안하지만, 인민정통파는 비폭력저항을 고수하고 있었다. 피델 카스트로와 그를 따르는 세력들은 곳곳에서 무장봉기를 일으킬 준비에 착수하였다.

반 정부 세력을 형성한 카스트로는 정식적으로 무장혁명론을 제시하고 1953년 7월 26일 몬카다 병역을 습격했다. 당시 피델 카스트로는 몬카다 병영을 습격하기 전 대원들에게 쿠바 인민들의 혁명적인 마음을 일깨워줄 구심점을 제공하고 쿠바 인민들이 강대국의 억압과 착취에 희생당하는 삶을 더 이상 살지 않아도 되는 희생 정신을 혁명 전사들이 결행한다는 비장한 출격의 다짐을 하였다. 이러한 전의에도 불구하고 몬카다 병영 습격은 실패하고 많은 대원들의 희생자를 내며 피델 카스트로는 체포되어 산티아고 감옥에서 수감 생활을 하게 되었다.

이에 분노한 쿠바 민중들이 관공서, 경찰서 등을 습격하였으며, 대대적으로 파업과 학생 운동이 거세지고 쿠바의 경제난이 심각해지자 풀헨시오 바티스타는 피델 카스트로를 사면하게 되며 카스트로는 1955년 멕시코로 망명하였다. 여기서 혁명동지 체 게바라를 만나 1955년에서 1956년 까지 멕시코에서 혹독한 게릴라 훈련을 받고, 게릴라 전술을 탐독했다. 1958년 후반 쿠바는 심각한 경제난으로 인해 바티스타 정부는 신뢰를 잃었고, 대다수의 쿠바 민중들은 피델 카스트로의 혁명군에 가담하였다. 산타 클라라가 혁명군에 의해 점령되고 전세가 완전히 기울자 풀헨시오 바티스타는 도미니카 공화국으로 망명을 하였고, 1959년 1월 1일 피델 카스트로의 쿠바 혁명이 완수되었다.

카스트로는 사회주의 정책으로 거의 대부분 산업체를 국유화하고 사회주의 경제 체제를 실현해 나갔다. 민중 혁명으로 사회주의 국가가 된 쿠바는 소련의 관심과 협력 지원을 받아 1980년대 기준 소련은 쿠바의 농산물을 약 90% 높은 가격으로 수입하였고, 원유는 70% 정도 낮은 가격으로 쿠바에 수출하였다.

피델 카스트로는 혁명 후 총리직에서 1976년 쿠바의 최고 권력자 자리에 오르게 된다. 쿠바 국가평의회 최고인민의장으로 선출되었다. 그럼에도 불구하고 카스트로는 개인 숭배를 어느 도시 어느 거리에도 일체 세우지 못하게 하였다. 미국의 CIA는 피델 카스트로의 사회주의 체제가 미국에 위협이 된다는 판단에 따라 카스트로의 암살을 꾸준히 계획, 시도했다. 카스트로가 집권한 48년 동안 무려 638건의 암살을 시도해왔으나, 모두 실패했다. 피델 카스트로는 반미주의자였지만 그는 에이브러햄 링컨을 존경하였다.

피델이 걸어온 길

1953년 쿠바 산티아고데쿠바 몬카다군 병영 습격, 실패
1955년 멕시코 망명, 바티스타 타도 계획 수립
1956년 시에라 마에스트라에서 게릴라전 전개
1959년 2월 바티스타 정권 붕괴, 공산주의 정권 수립, 총리 취임
1959년 9월 제1차 아바나 선언 발표
1961년 4월 히론 해안에 침공한 반군 격퇴
1961년 7월 쿠바 사회주의 혁명통일당 결성, 제1서기
1965년 쿠바 사회주의 혁명통일당을 쿠바 공산당으로 개칭
1966년 3대륙 인민연대회 개최, 라틴아메리카 인민연대기구 설립

1976년 국가평의회 의장 취임
2008년 2월 국가평의회 의장 사임
2011년 4월 쿠바 공산당 제1서기직 사임

▣ 피델 카스트로는 공산주의자가 아니었다

쿠바혁명은 미국의 절대적인 지원을 받는 친미독재자를 순수한
인민의 힘으로 완전히 축출했을 뿐 아니라, 이후 미국의 간섭에서
완전히 벗어나 독립국가로 우뚝 선 단 하나뿐인 세계적인 사건이
다. 쿠바와 비슷한 상황에 놓였던 베트남은 30여 년 동안 프랑스와
미국이라는 거대한 제국주의와 직접 전쟁을 치르면서 엄청난 희생
을 내고 완전한 독립을 이루었지만, 쿠바혁명은 혁명군 단 12명으
로 시작해서 겨우 2년 만에 군사적인 면에서 절대적 우세에 놓였
던 정부와의 내전에서 승리하여 정권을 창출했다. 혁명을 이끈 지
도자는 피델 카스트로였으며 함께한 인물은 체 게바라, 까밀로 씨
엔푸에고스 그리고 라울 카스트로 등이었다.

쿠바에는 조국 쿠바, 피델 카스트로, 쿠바혁명을 사랑했던 쿠바
의 연인이자 카스트로의 여인 「레부엘타」의 숨결이 있다. 그녀는
카스트로와의 사랑을 이루지 못했지만 원망보다는 가난한 쿠바농
민을 사랑한 카스트로를 누구보다 더 사랑했다. 여 혁명전사의 애
국과 사랑의 애절이 흐른다.

■ 호세 마르티

　호세 마르티(José Julián Martí Pérez, 1853년 1월 28일 ~ 1895년 5월 19일)는 쿠바 독립의 최고 영웅으로 추앙 받는 혁명가이며 문학가이자 쿠바의 영웅인 라틴아메리카 문학의 중요 인물이다. 아바나에서 태어난 호세 마르티는 외세 식민지통치에서 성장하며 정치 활동을 시작하였다. 그는 스페인, 라틴아메리카, 미국을 두루 여행하면서 쿠바 독립의 지지를 얻어나갔다. 호세 마르티는 쿠바를 제외한 라틴아메리카의 모든 국가가 스페인으로부터 전부 독립을 하자 자유를 위한 독립투쟁에 나서서 자신의 신념을 바쳤다.

호세 마르티는 이미 16세 때 '해방 조국'이라는 신문을 만들고 독립운동에 가담했다가 스페인으로 추방당하였다. 이때부터 프랑스, 미국, 멕시코, 아르헨티나 등 곳곳에서 문필 활동을 하며 현대주의 작가로 스페인 문학의 발전을 이끌었고, 300년간 잠자고 있던 라틴아메리카 사람들의 민족의식을 불러 일으켰으며 새로운 공동체 문화를 만들려고 시도했다. 독립세력의 정신적인 지주이었던 호세 마르티는 미국에서 '조국'지를 창간하며 쿠바혁명당을 조직하고 이끌었지만 자신의 조국 쿠바의 독립을 보지못한 독립운동가이다.

호세 마르티는 1853년 스페인 출신 어머니와 카나리아제도 출신 아버지 사이에서 태어나, 풍족하지 못한 환경에서 성장했다. 16세 때부터 이미 '자유조국'과 같이 주로 쿠바 독립을 고취시키는

내용의 시들을 발표했다. 17세 때 스페인 군대에 입대한 쿠바 학생을 비난한 편지가 공개되면서 그는 6년형을 선고 받고 수감되었다. 호세 마르티는 6개월의 수형생활 끝에 스페인 유배길에 오른다. 1875년 멕시코로 이주한 그는 '오레스테스'라는 필명으로 여러 신문사에 사설과 시를 기고하며 문단을 통한 식민지 저항 활동을 하였다. 1878년 아바나로 돌아온 호세 마르티는 대중활동을 통해 쿠바의 암울한 정치현실에 비판을 하다가 스페인 식민지 정부에 요주의 인물로 낙인찍혀 다시 유배길에 오르게 된다.

▲ 아바나 중앙공원의 호세 마르티 동상

1880년 호세 마르티는 미국 뉴욕에 도착하여 쿠바혁명당을 조직하고 쿠바 독립을 위한 해외투쟁을 전개했지만 내부갈등으로 쿠바혁명당은 해체되고 독립군도 해산 되었다. 쿠바의 30년 동안의 독립전쟁 끝에 기다리고 있었던 것은 가난과 시련이었다. 생전에 호세 마르티가 그렇게 염원하고 투쟁했던 쿠바독립이 1902년에 이루어지고 쿠바인이 선출한 초대 대통령이 나왔지만 쿠바는 미국에게 모든 것을 의존하는 미국의 신 패권주의 속으로 들어가게 되었다. 그러나 쿠바 독립운동사에서 호세 마르티는 쿠바독립의 시금석을 놓은 라틴아메리카가 자주적으로 자생할 수 있는 탈출구를 제시해준 아메리카 대륙이 배출한 최고의 지성 천재로 평가받고 있다.

　　아바나 중앙공원에는 쿠바 자존심의 보루인 호세 마르티 동상이 자리하고 있다. 마르티는 1895년 5월 19일 식민지 군대인 스페인군에게 사살됐다. 쿠바에서 가장 많이 마주치는 것이 체 게바라나 카스트로가 아닌 호세 마르티 동상이다. 쿠바의 관문인 아바나 국제공항의 정식이름도 '호세 마르티 국제공항'이다. 카스트로는 쿠바혁명의 정통성을 호세 마르티에서 찾을 정도다. 쿠바의 민중들이 부르는 쿠바 아리랑 '관타나메라'의 애절한 가사는 호세 마르티의 시로 다음과 같다.

관타나메라 과히라 관타나메라
관타나모의 농사짓는 아낙네여
나는 종려나무 고장에서 자라난
순박하고 성실한 사람이랍니다

내가 죽기 전에 내 영혼의 시를 여기에
사랑하는 사람들에게 바치고 싶습니다
내 시 구절들은 연둣빛이지만
늘 정열에 활활 타고 있는 진홍색이랍니다

나의 시는 상처를 입고 산에서 은신처를 찾는
새끼 사슴과 같습니다
7월이면 난 1월처럼 흰 장미를 키우겠어요
내게 손을 내민 성실한 친구를 위해
이 땅 위의 가난한 사람들과 내 행운을 나누고 싶습니다

산속의 냇물이 바다보다 더 큰 기쁨을 주는군요
콴타나메라 과히라 관타나메라
콴타나메라 콴타나모의 농사짓는 아낙네여

위의 내용은 호세 마르티의 시에서 따온 것이다. 쿠바 민중에 대한 애틋함이 배어 있다. 관타나모는 스페인과의 독립전쟁의 대가로 미국에 내준 쿠바 속 미국 해군기지이자 인권사각지대 포로수용소이다.

▲ 아바나 혁명광장 혁명탑에 있는 호세 마르티

　　호세 마르티의 작품은 인류에게 가장 훌륭한 문화유산으로서 매
우 높은 교육적 가치를 지니고 있다고 평가되고 있다. 사상가 정치
가인 그는 문예창작과 사회운동 분야에서 라틴아메리카에 지대한
영향력을 발휘하였다. 그의 작품은 문학과 예술의 영역을 넘어 아
시아 · 아프리카 · 라틴아메리카의 국가들과 국민의 자결권을 옹

호하는 사상이 되었다. 호세 마르티는 라틴아메리카의 문화적 정체성을 세계권력의 중심에서 격리된 라틴아메리카의 특수성으로 보여주었다.

작가로서 호세 마르티는 세계적 거장 가운데 한 사람이기도 하다. 폭넓은 문화 소양과 엄청난 창조적 재능을 지닌 그는 현대문학을 민중문화로 승화한 인물이다. 아메리카 대륙 전체에 반향을 일으킨 최초의 쿠바인이었다. 그의 테제는 빈민의 시각으로 바라보는 인본주의를 옹호하고 아메리카의 자주정신을 강조하는 것이었다. 호세 마르티가 사망한지 100주년이 되는 1995년 유네스코에 의해 '호세 마르티' 국제상이 제정되기도 하였다. 모든 시대를 통틀어 아메리카 대륙의 가장 중요한 사상가 가운데 한 사람으로 여겨지는 호세 마르티는 소중하고 다양한 문학 작품을 창작했으며 폭넓은 정치 및 외교 활동도 전개했다. 호세 마르티의 해방 계획과 운동은 쿠바와 비슷한 운명을 가진 나라들에게 국가와 시대의 경계를 넘어섰다.

그의 작품은 당시의 식민지와 식민지 상태에서 갓 벗어난 신생국의 역사적·사회학적 특이성을 파악하는데 특히 유용했다. 호세 마르티의 심오한 인본주의 사상에는 진정한 해방을 위한 모든 요소가 들어 있다. 그는 라틴아메리카의 정체성과 통합이라는 이론적 주춧돌을 놓은 사람이라고 할 수 있다. 뿐만 아니라 라틴아메리카의 모든 개혁 운동에 대해 이념적인 교본이 되고 있다.

▣ 어니스트 헤밍웨이

어니스트 헤밍웨이(Ernest Hemingway, 1899년 7월 21일 ~ 1961년 7월 2일)는 1928년 플로리다의 키웨스트 섬에서 낚시 여행을 위해 쿠바에 온 미국의 관광객이었다. 쿠바에 머무르면서 아바나의 매혹과 쿠바 사람들의 휴머니즘에 감동하여 사랑에 빠졌다. 1년 후, 그는 구 아바나 중심부에 있는 호텔 암보스 문도스(Hotel Ambos Mundos)에 거처를 정하고 쿠바의 정취에 묻혀 쿠바에 살기로 결심을 한다. 헤밍웨이는 아바나 동쪽에 있는 작은 어촌 코히마르(Cojimar)에서 바다낚시를 하며 이곳에서 노벨상을 받은 소설 「노인과 바다(The Old Man and The Sea)」를 집필하였다. 헤밍웨이는 스페인 내전의 종군기자로 있다가 돌아와 휴식을 찾아 쿠바로 와서 돌아가지 않고 아바나에 삶의 둥지를 틀었다. 아바나의 호텔 암모스 문도스에서 거처를 하며 스페인 내전을

다룬 「누구를 위하여 좋은 울리나」를 1940년도에 발표 하였다.

아바나의 아이콘인 해안 방파제 말레콘(Malecon)은 헤밍웨이가 미국에서 배를 타고 와서 처음 보고 매력을 느끼었던 쿠바의 풍경이다. 연인들의 산책로로, 쿠바민중들의 휴식공간으로, 거리 악사들의 연주와 춤이 있는 이곳이 말레콘이다. 아바나는 소설가 헤밍웨이의 감수성을 자극하고 문학적 성취를 주었다. 헤밍웨이는 1939년부터 아바나 근처 샌프란시스코 데파울라(San Francisco de Paula)의 울창한 열대 숲에 자리 잡은 소박한 시골집 핀카 비히아(Finca Vigia)를 구입하고 이곳에서 문필가로 살았다. 노인과 바다의 배경이 된 코히마르의 헤밍웨이 광장에는 기둥들로 둘러싸인 누각에 헤밍웨이 흉상이 있다. 코히마르 사람들이 직접 세운 이 흉상은 고기잡이 배의 청동 프로펠러로 만든 것이다. 헤밍웨이는 20년간 쿠바에서 살았다.

▼ 쿠바 헤밍웨이 생가

▲ 헤밍웨이 박물관

애주가인 헤밍웨이는 다이키리(Daiquiri, 럼주 칵테일)와 모히토(Mojito) 칵테일을 즐기며 작품을 구상하였다고 한다. 현대식으로 재건축한 핀카 비히아 헤밍웨이 박물관은 9천권의 책, 서재, 타자기, 사냥물, 사진들이 전시되어 있다. 핀카 비히아의 정원에는 헤밍웨이가 아꼈던 요트 '엘 필라르'가 있다. 12미터 길이의 이 요트는 헤밍웨이가 이용하던 낚시배이다. 박물관의 풍경은 그의 삶이 농축돼 있다. 그의 소설 「킬리만자로의 눈」 처럼 아프리카 사파리 여행 때 잡은 동물 박제들이 방마다 걸려 있다.

쿠바혁명 직후 헤밍웨이는 피델 카스트로를 만났다. 카스트로는 「누구를 위하여 종은 울리나」 를 읽으며 게릴라 전술을 배웠다고 했다. 반미 감정이 가득한 카스트로는 미국인 헤밍웨이를 동지처럼 대했다. 스페인 내전 때 헤밍웨이는 반 프랑코·좌파 공화주의 쪽에 섰다. 그래서 그의 소설은 혁명과 전쟁을 추적했다. 헤밍웨이 소설의 주인공들은 도전과 투쟁에 충실하게 묘사되었다. 헤밍웨이는 쿠바혁명을 지지했다. "나는 공산주의자들이 병사일 때 존경하지만 사제(司祭)일 때는 증오한다"고 했다. 투쟁으로서 혁명은 그를 사로잡았다. 하지만 권력으로서 혁명은 싫어했다.

▲ 아바나에서 카스트로와 헤밍웨이의 만남

쿠바사람들은 헤밍웨이가 쿠바인보다 쿠바를 더 사랑한 미국인이었다고 말하고 있다. 그리고 그의 작품을 쿠바문학처럼 생각하고 있다. 쿠바에서의 헤밍웨이 생활과 작품은 세계에 쿠바의 낭만과 아름다움, 민중의 고난과 소망을 전파한 영웅으로 평가되고 있다. 헤밍웨이가 쿠바에 살면서 가장 힘들었던 것은 반미가 사회전체에 팽배해 있는 것이었다. 1960년 추방이 아닌 스스로 미국으로 돌아갔다. 그리고 우울증에 시달리다 1961년 엽총으로 자살하며 생을 마감하였다.

미국인이지만 쿠바를 더 사랑한 남자 헤밍웨이는 1928년부터 1960년까지 여행 기간을 빼고 줄곧 쿠바에 살면서 작품을 썼다. 전쟁작가이기도 한 헤밍웨이는 제1차 세계대전에 참전해 부상을 당했고 스페인 내전에는 종군기자로 참여했으며 쿠바혁명 기간 중에는 혁명군을 지지했다. 첫번째 전쟁에서는 「태양은 다시 떠오른다」를 집필했고 스페인 내전에서는 「누구를 위하여 종을 울리나」를 쿠바에서는 「노인과 바다」를 발표했지만 그에게 마지막 전쟁 경험이 된 쿠바혁명 후에는 붓을 내려놓고 미국으로 돌아가 자살을 하였다. 그러나 그의 숨결과 쿠바인의 애정은 데파울라 고적한 박물관에서 잊혀지지 않고 있다.

제4장

5
혁명 이후의 여정

　1962년 3월 26일 통합 혁명 기구는 쿠바 사회주의 통합당(PUR-SC)이 되었고, 1965년 10월 3일에 쿠바 공산당이 되고 피델 카스트로가 제1비서에 오르고, 블라스 로카(Blas Roca)가 제2비서가 되었으나 로카가 떠난 후 국방부 장관이던 라울 카스트로가 제2인자가 되었다. 라울 카스트로의 지위는 체 게바라가 쿠바를 떠나자 강화되었다. 1970년대 피델 카스트로는 앙골라의 해방을 위한 대중 운동(MPLA)과 에티오피아의 지도자 멩기스투 하일레 마리암을 돕기 위하여 수만명의 군대를 파병하였고 자이레, 모잠비크에도 인민 반란을 지원하기 위해 군사지원단을 파견하였다. 쿠바 정부는 아프리카에서 소련이 지원하는 전쟁에도 군대를 파견하였다. 체 게바라는 콩고 민주 공화국과 이어서 볼리비아에서 혁명 운동을 하였다. 그러나 체 게바라는 1967년 볼리비아에서 미국지원을 받은 볼리비아 정부군에 의해 살해되었다. 미국은 이들 나라의 친미 독재자들을 지원하고 쿠바에 대해서는 적대정책을 노골화하여 금수조치 경제제재를 가하고 외교적 고립을 시도하였다.

▲ 자영업 농민 시장

　쿠바는 미국의 공작과 반대로 1962년에 미주 기구에서 축출되었
고, 엠바고를 당했으나, 1975년 미주 기구는 쿠바에 대한 모든 제
재조치를 해제하였다. 1976년에 혁명정부는 쿠바 헌법을 제정하
고 인민주권민족회의 대의원 선거를 통해 의회를 구성, 혁명정부
가 행사해 오던 입법권을 인민주권민족회의에 넘겼다. 1959년부
터 1993년까지 쿠바인구의 10%에 해당하는 약 120만명의 쿠바인
이 미국을 향해 쿠바를 떠났다. 쿠바 정부는 떠나려는 쿠바인들의

이주를 허락하였다. 카스트로가 "누구든지 나라를 떠나고 싶다면 가라"고 허용했기 때문이다.

소련붕괴와 더불어 사회주의권과의 경협이 사라지고 소련을 승계한 러시아는 11,000명에 달하는 군인과 기술자를 철수시켰다. 카스트로 정부는 이른바 '평화시대의 특별한 시기(Período especial en tiempo de paz)'라고 하는 경제적 위기를 맞는다. 이 공간에 미국은 쿠바봉쇄를 강화하고 쿠바는 정치적으로나 경제적으로 고립하게 되었다. 이렇게 되자 쿠바는 부분적인 개혁 개방과 자본주의 요소를 가미하였다. 1996년 10월에는 외국 회사가 전적으로 사업을 소유하거나 운영할 수 있으며 부동산을 매입하는 것을 허용하였다. 1996년 미국은 헬름스-버튼 법을 만들어 쿠바에서 미국인들이 몰수당한 재산을 이용하는 외국 회사에 대해 법적인 조치를 취할 수 있도록 허용하였다. 이렇게 되자 중화인민공화국이 새로운 협력국가로 등장하였다. 쿠바는 베네수엘라의 우고 차베스 대통령과 볼리비아의 에보 모랄레스 대통령과 유대 관계로 미국의 공격에 공동저항하며 경제적 출로를 찾아왔다. 쿠바 정부는 30년 동안 '인권 침해국' 이라는 오명을 미국의 왜곡·매도 공작으로 국제사회로부터 받았다. 이는 사실이 아닌 항상 쿠바를 불안정하게 만들려 하는 미국이 만들어 낸 것이었다.

2006년 7월 31일, 피델 카스트로는 지병이 악화되어 일선에서 물러나고 혁명동지이자 동생인 제1부통령인 라울 카스트로에게 권력을 이양하였다. 2008년 2월 카스트로는 쿠바의 대통령직을 사임한다고 발표하였고 2008년 2월 24일, 라울 카스트로가 새 대통령에 선출되었다. 라울이 집권하고 5년 동안 외교관계가 단절되었던 쿠바와 유럽 연합은 2008년 10월 23일에 다시 정상화되었다.

▲ 관광 호텔 로비, 쿠바를 찾는 외국 방문객들이 늘어나고 있다

쿠바 혁명정부는 적극적인 개혁 정책을 펼쳐 쿠바의 의료복지를 상당한 수준으로 올려놓았다. 쿠바의 인구대비 의사의 수는 165명

당 1명으로 세계 최다를 자랑한다. 의료체계는 인적자원의 질과 양에선 선진국 이상이다. 이런 명성으로 예를 든다면 베네수엘라에게 경제적 지원을 받고 그 대신 의료진이 베네수엘라로 가서 의료 봉사를 하고 외화를 벌어 쿠바에 송금한다. 제3세계로 의료 봉사도 비슷한 유형이다. 수도 아바나에 있는 라틴아메리카 의과대학이 유명한데, 모든 교육 비용이 무료이다. 대신 학교를 졸업한 후 수년간 의료 봉사를 의무적으로 행해야 한다. 미국인을 포함한 외국인들도 내국인과 동일한 혜택으로 교육을 받는다. 이것이 쿠바의 의료 외교 활동이다. 쿠바는 의무교육 제도와 교육 개혁 실시로 문맹률이 아메리카 대륙 중 최저를 자랑한다. 혁명정부는 스포츠 육성 정책을 실시했다. 경제 수준에 비해 의외로 선진화 되어있고 환경도 좋은 편이다. 중남미에서 야구, 배구 등 최고의 스포츠 강국이라지만 가장 인기 있는 축구는 다른 라틴아메리카 국가들에 비해 부진한 편이다.

피델 카스트로가 퇴장한 후 그 자리를 이어 받은 라울 카스트로는 의욕적인 경제개혁안으로 쿠바 체제의 일신을 꾀하고 있다. 쿠바는 고급인력의 해외 망명과 두뇌 유출 등을 우려해 전문직의 해외여행을 제한하였지만 2012년 10월 정부 허가 없는 국외 여행도 자유화시켰다. 사회 시스템도 안정적으로 작동되고 있다. 정치 시스템도 사회주의 관료제의 폐해가 없이 인민위주로 정착되어 있다. 1970년대 중반부터 실시된 지방자치제는 당과 사상에 관계 없이 인민들이 지역일꾼을 선출한다. 대부분의 가난한 나라들이나 사회주의 국가들의 특징은 국민들이 경제적, 사회적, 문화적 권리를 침해 받고 사회는 우울하고 어둡다. 쿠바에서는 이런 것들이 거의 존재하지 않는다.

쿠바에서는 다른 사회주의 국가들처럼 국가 원수나 지도자를 숭배하도록 강제하거나 의무화 하지 않는다. 혁명을 성공시키고 민중을 해방하고 반세기를 통치한 피델 카스트로의 동상 하나도 쿠바에서는 발견하지 못한다. 피델 카스트로를 기념하는 거리나 건물 혹은 기념탑도 없다. 그를 인권탄압 독재자라고 묘사한 것은 미국이 그를 제거하고자 만들어 낸 매도이다. 미국의 주도로 고립되고 압박 당하고 차단 봉쇄 속에 고통과 어려움을 이어 왔지만 주권을 지키고 진정한 자주 광복의 길을 가는 쿠바가 인종주의 철폐, 여성해방, 문맹 추방, 교육, 의료 등 사회복지가 안정된 나라로서 문화와 예술이 역동하는 휴먼 국가라는 사실은 그 누구도 부정할 수 없다.

쿠바는 라틴아메리카의 신화를 창조한 국가이다. 1960년대와 1970년대에 쿠바는 중앙아메리카의 엘살바도르, 과테말라, 니카라과와 남아메리카의 콜롬비아, 베네수엘라, 볼리비아, 아르헨티나의 게릴라들을 지원했다. 쿠바 군대는 에티오피아와 앙골라 인민해방전쟁에도 참가했다. 이런 저력으로 라울 카스트로의 쿠바는 외교활동이 활발하게 전개되고 있다. 소련 붕괴 후 소원해진 러시아와 새로운 협력연대가 진행 중이다. 2014년 7월 11일, 블라디미르 푸틴 러시아 대통령이 14년 만에 쿠바에 방문해 라울 카스트로

의장과 만나고 양국의 산업, 에너지, 의료 등 다양한 분야에서 협정을 맺고 쿠바가 소련에 진 모든 부채를 탕감하여 주었다. EU와 외교 정상화를 하면서 유럽 국가들은 앞다투어 쿠바로 향하고 있다. 중국은 쿠바협력과 투자를 적극화하고 있고 일본도 가세를 하고 있다. 혁명 후 21세기 현재까지 외롭고 고단한 여정이었지만 쿠바는 주권을 지키고 인민을 안정시키고 청정 사회주의를 지켜 왔다. 향후 전망은 미국과 국교 정상화가 쿠바에게 어떤 영향을 주고 무슨 빛과 그림자로 작용할지에 따라 쿠바의 새로운 대응과 도전이 전개될 것이다.

V

쿠바의 트랜지션
(Transition)

1. 쿠바의 대외관계

2. 쿠바의 딜레마와 개혁 개방

3. 쿠바의 신자유주의 시장경제 전망

4. 쿠바는 아직도 혁명시대이다

5. 미국은 왜 쿠바와 관계 정상화를 하였는가

1
쿠바의 대외관계

쿠바의 대외 관계는 비동맹 국가들과의 연대, 반제국주의 및 민족 해방 운동 지원이 전통적인 대외 정책의 핵심이었고 최우선 과제였다. 혁명정부가 사회주의화되자 1960년대 소련과 긴밀한 동맹관계가 되고 사회주의 국가들과 우방화 되면서 미국과는 1961년 1월 국교가 단절되고 적대관계가 되었다. 라틴아메리카에서는 베네수엘라의 차베스 정권 등 좌파 정권과의 외교 활동을 활발하게 전개하였다. 사회주의 국가들과 비동맹국가들에는 30,000명이 넘는 쿠바 의료진들이 파견되고 이 국가들의 학생들이 쿠바의대 유학을 원하면 무료로 수학할 수 있도록 내국인과 동일한 혜택을 주었다. 서방국가 지도자들도 쿠바가 중동, 아프리카, 라틴아메리카, 오세아니아에 인도주의적 의료 지원을 제공하고 있는 것에 찬사를 보냈다.

비동맹 운동을 주도한 쿠바는 소련·동유럽 여러 나라를 중심으로 하는 경제 협력 기구 코메콘(COMECON: Council for Mutual Economic Assistance)에 1972년 가입하였다. 쿠바는 아프리카와 중앙아메리카, 아시아에서 있었던 전쟁에서 소련과 함께 큰 역할을 하였다. 아프리카에서 가장 큰 규모의 전쟁인 앙골라 전쟁에서 쿠바는 수만명의 병력을 투입하였고 아프리카에서 17개의 좌파 정권을 지원했으며 알제리, 자이르, 예멘, 에티오피아, 기니 비사우, 모잠비크에서 주요 전투에 참전했다. 라틴아메리카에 대한 쿠바 정부의 군사 개입도 광범위했다. 1959년 도미니카 공화국과 파나마에서 작전수행을 시작으로 1967년 체 게바라의 볼리비아 게릴라 활동지원, 니카라과의 사회주의 산디니스타 국민 해방전선 지원으로 1979년 독재정부 소모사(Somoza)를 실각시켰다.

2003년 유럽 연합은 카스트로 정권을 미국의 사주에 의해 인권탄압국가로 규정하였으나 2008년 외교관계 및 협력 활동을 다시 정상화 하였다. 그러나 이웃인 미국과는 50년 넘게 최악의 적대관계를 유지하다 2015년 재 수교를 하였다. 쿠바와 미국의 관계사를 보면 불공정한 압박사였다. 1898년 미국의 메인호가 아바나 항에서 정박 중에 폭발한 사고로 인하여 발생한 미국과 스페인 전쟁에서 승리한 미국은 스페인으로부터 쿠바를 넘겨받고 3년 동안 군정을 실시하였다. 1903년에는 관타나모에 미국 해군의 기지가 설치되고 쿠바의 중추적 기능을 미국자본이 장악하는 등 쿠바는 미국의 사실상의 식민지가 되었다.

1959년 1월 친미정권 풀헨시오 바티스타 군사독재가 무너지고 쿠바 혁명으로 세워진 피델 카스트로의 쿠바 정부를 미국은 처음부터 가만두지 않고 수 차례 쿠바정부 전복을 시도했다. 아이젠하워 행정부에서 시작된 카스트로 정권 전복 노력은 케네디 행정부 때 절정에 이르러 무장침공도 감행 하였다. 그러나 미국의 침공은 실패했다. 미국의 압박으로 신생 혁명국 쿠바는 소련에 의지하게 되었다. 미국은 1992년에는 의회에서 쿠바민주화법을 통과시켜 국제적으로 봉쇄 압박정책을 강화하였다.

한국은 1949년 쿠바를 승인하였고 쿠바는 1950년 한국전쟁 때 279만 달러를 원조하였으나, 1959년 피델 카스트로 민중혁명이 일어나고 사회주의 정부가 수립하게 되어 단교되었다. 북한과 외교관계를 유지하고 있는 쿠바는 한국이 친미동맹국가이기 때문에 적대적인 시각을 가져왔다. 스포츠 강국이면서도 1988년 서울 올림픽과 한국의 스포츠 국제대회에는 불참하였다. 조선민주주의인민공화국과는 카스트로 정권 수립 1년 후인 1960년에 수교한 후 정치적·군사적으로 매우 친밀한 관계를 유지하였으며 국제사회에서도 조선민주주의인민공화국의 입장을 지지하는 등 양국관계의 진행이 원활하였다.

일본과는 1929년 12월 21일에 국교가 수립되었다. 1941년 12월, 태평양전쟁 발발에 따라 쿠바는 미국과 함께 대일 전쟁을 선포하였다. 1952년 11월, 샌프란시스코 강화 조약 체결에 따라, 국교가 회복되었고, 1960년에 통상협정을 체결하였다. 1898년 이후,

일본인 이민이 쿠바에 정착하기도 하였고 양국 관계는 정치·경제의 양면에서 양호한 편이다. 쿠바는 소련의 절대적 영향력 하에 있었기 때문에 중국과는 소원한 관계에 있었다. 그러나 중국이 덩샤오핑의 개혁·개방 노선을 채택, 경제발전에 성공한 이후 중국과 쿠바 간 교류와 협력이 늘어나기 시작했다. 현재 양국 간 교역량은 26억 달러에 이르며, 중국에게 쿠바는 베네수엘라 다음으로 중요한 무역상대국이다.

파올로 젠틸로니 이탈리아 외무장관은 쿠바 수도 아바나를 방문해 쿠바 로드리게스 외무장관과 경제 교류를 논의했다. 이탈리아는 1903년 쿠바와 외교 관계를 수립했다가 베니토 무솔리니의

▲ 외국계 기업에 종사하는 쿠바 국민

▲ 외국기업들이 몰려있는 아바나의 국제컴플렉스

파시즘 정권이 들어선 1941년 단절됐으나 1945년 다시 회복했다. 프랑수아 올랑드 프랑스 대통령은 2015년 5월 역사상 처음으로 쿠바를 방문했다. 에어 프랑스는 파리에서 아바나 직항로를 운항하고 있다. 2015년 2월에는 호세 루이스 로드리게스 사파테로 스페인 전 총리가 미겔 앙헬 모라티노스 스페인 전 외무장관과 함께 아바나를 방문해 라울 카스트로 의장을 만났다. EU측은 2014년 2월 아바나에서 정치적 대화 재개와 경제 협력 협약을 마무리 짓기 위한 3차 협상을 진행했다. EU는 미국에 앞서 쿠바와의 경제 협력 증진과 정치적 대화를 하고 있다. 미국이 쿠바와 외교관계를 회복하고 유럽이 쿠바로 향하고 있다. 여기에 중국과 일본의 쿠바 발길이 각축을 벌이고 있다.

2
쿠바의 딜레마와 개혁 개방

혁명을 성공시키고 반세기 동안 쿠바를 집권했던 피델 카스트로의 카스트로시대가 혁명 구국의 뒤안길로 퇴조하고 있다. 미국과 재 수교를 하면서 국제사회가 쿠바의 미래는 어떻게 될 것인가, 라틴아메리카에 어떠한 영향을 미칠 것인가에 대한 관심이 집중되고 있다. 그리고 쿠바가 변화한다면 국제 사회의 정치 사회학 연구에서 하나의 중요한 이슈로 제기될 것이다. 쿠바의 정치적 체제가 퇴각한다면 쿠바 사회는 어디로 갈 것인가에 대해 미국, 유럽, 라틴아메리카와 쿠바 내부에서 다양한 예측과 전망이 나오고 있다. 정치적 체제 변환, 경제발전 유형, 국제관계 등을 포함한 사회주의 쿠바사회가 안고 있는 과제들에 대한 논의가 이루어지고 있다.

최근 들어 쿠바의 경제사정이 나빠지며 사회적 긴장은 높아가고 있다. 그러나 반세기 동안 카스트로 정권의 안정적인 집권과 사회장악 능력이 뿌리를 내렸기 때문에 사회주의를 버리는 정치 대변혁은 일어나지 않을 것이라는 견해가 지배적이다. 피델 카스트

▲ 경제적인 어려움에도 음악을 놓지 않는 쿠바인들

로에 이어 쿠바를 이끌고 있는 라울 카스트로도 자본주의 공격으로 정치 사회적 문제들을 해결해야 하는 과제를 안고 있지만 자주적인 국가운영을 안정적으로 하고 있다. 문제는 경제사정의 악화이다.

혁명은 쿠바 민중들에게 정신적 믿음과 자긍심을 주었다. 여기에 소련의 지원은 쿠바인들에게 경제적 혜택을 주는 사회주의 체제를 견고히 하여 주었다. 그러나 소련 붕괴로 경제적 지원이 사라지면서 사회주의 재정긴축과 인민경제의 어려움으로 쿠바현대사의 '특별한 시기(Special Period)'를 보냈다. 쿠바가 자랑하는 무상 의료 서비스, 식량보급 서비스 등이 심하게 악화되었고 소비재의 결핍이 나타났다. 이 과정에서 암거래시장이나 외화벌이가 불법적인 방법으로 자행 되었다. 개혁과 도전을 향한 사회적 불안도 나타나기 시작했다. 카스트로가 추구했던 평등주의와 비 자본주의의 사회주의 시스템이 도전 받고 있는 것이다. 젊은 세대들은 불안정한 사회주의 체제에 대해 회의적이며 개혁을 원하고 있다.

▲ 개방화 된 쿠바의 여인들

이러한 현실에서 쿠바는 미국과 쿠바 국교정상화에 따른 양국 관계로 정치·경제면에서 변화와 도전을 겪게 될 것으로 예상하고 있다. 쿠바정부의 반대그룹이 있으나 사회주의를 바탕으로 개방형 경제변화를 추진하는 중국 및 베트남과 유사한 모델이 유력하게 제기되고 있다. 이미 쿠바정부는 이전 계획경제 개혁에서 공무원을 감축하고 자영업자를 육성하는 방안을 마련하여 약 50만개의 중소기업이 생겨났으며 이들 자영업자들은 쿠바경제의 약 5%의 규모를 차지하고 있다. 국영부문에서는 석유, 바이오기술, 식량, 재생에너지 등에서 개방에 관심을 두고 있다.

미국의 금수조치 해제와 쿠바의 경제개방에 따라 미국, 캐나다를 비롯한 중국 및 유럽국가들의 진출로 쿠바 시장 선점을 위한 치열한 경쟁이 이미 시작되었으며 적극적인 브라질을 포함한 중남미 국가들도 인프라 투자, 기계부품, 식량, 농산품과 같은 분야에서 경쟁하고 있다. 미국이 쿠바에 대한 경제봉쇄 해제를 선언하였지만 현재는 미국 의회의 결정에 달려있기 때문에 지연이 되고 있으나 조만간 이루어 질 것으로 보고 있다.

라울 카스트로 쿠바 국가평의회 의장은 미국과의 국교 정상화가 이루어진다 해도 쿠바의 공산주의 체제는 변함이 없을 것을 천명하였기 때문에 쿠바 정부의 강력한 사회통제는 진행될 것이며 이러한 상황에서 미국 산업이 물밀듯이 밀려와 쿠바 시장을 선점하고 사회의 급속한 변화를 일으키기는 어려울 것으로 예상된다.

제5장

3
쿠바의 신자유주의 시장경제 전망

라틴아메리카 유일의 사회주의 국가인 쿠바의 경제가 자본주의의 공격을 받고 있다. 소련과 동구권 사회주의 블록의 붕괴 이후 새로운 국제환경 변화에 적응하기 위해 부분적 자유화와 경제개방의 길을 선택했다. 중국과 베트남의 시장경제 성공사례에 지대한 관심을 가지고 있는 쿠바경제는 자립 경제구조의 경제정책을 기본으로 하고 있으며 1980년대 중남미 국가들이 불황과 침체를 겪은 시기에 쿠바는 소련의 대 쿠바 경제원조로 5개년 계획(1981~1985)을 성공시켜 연평균 7%라는 고도성장을 이루었다. 쿠바는 아메리카 대륙의 유일한 사회주의 국가로서 정치 경제에서 모범적인 국가이었다. 그러나 1990년대 소련 붕괴, 동구권과 함께한 상호경제지원체제(Council for Mutual Economic Assistance: CAEM) 붕괴와 미국의 대 쿠바 봉쇄정책 강화로 쿠바의 사회주의 체제는 경제위기를 맞는다. 여기에 최대 수출상품인 제당산업의 침체와 수출시장 붕괴가 가중되었다.

혁명정부가 기업과 토지의 국유화를 단행하자 국내외 투자자 및 기업들이 해외로 탈출하였다. 국제사회와 고립되고 국제금융 자본과 기업가가 외면한 상태에서 경제적 출로는 찾기는 어려웠다. 가장 큰 문제는 쿠바를 괴롭히고 붕괴를 시도한 미국이 세계적인 대쿠바 압박 봉쇄를 함으로써 결정적인 경제위기를 초래한 것이었다. 이러한 근거는 국제사회의 모든 조사에서 미국이 쿠바의 경제에 직·간접적 피해를 주었다는 것이 분명하다고 밝히고 있음에 있다. 이러한 환경에서 쿠바가 선택 할 수 있는 것은 부분적 자유화 및 경제개방이었다.

사회주의 정치체제에서 부분적인 자유화와 개방이라도 이것은 계획경제 제도에 시장경제 요소를 도입하는 것을 의미한다. 국가가 가격, 외환, 생산요소 등에서 통제를 완화하고 공기업과 공공기관의 자율성을 확대하며 사유재산권의 부분적 인정 및 사적 경제활동을 허용하는 것이다. 대외적으로는 외국 상품에 시장을 개방하고 외국인투자를 받아들이는 것이며 계획경제의 요소를 완화하고 시장경제 요소를 결합하는 것이다.

쿠바정부는 농업, 기업, 금융, 재정 등의 분야에서 개방성을 가미했다. 국영농장을 소규모로 나누고 농업에도 외국인투자가 가능하도록 하고 토지보유형태를 개인농장, 민간협동농장, 집단농장으로 다양화 했다. 국영기업들에게도 독립채산제 요소를 도입하는 방향으로 개편하고 1997년 쿠바 공산당 제5차 전당대회를 계기로 전 산업분야로 기업구조조정이 확대되었다. 각종 세제를 신설 또는 개편하였다. 자영업자에게 적용되는 소득세, 간접세, 개인소득세를 부과했다. 금융 분야는 중앙은행 설립과 새로운 형태의 금융기관 설립도 있었다. 쿠바의 금융기관은 쿠바국가은행, 인민저축은행, 대외무역은행, 국제금융은행의 4개 은행 체제였지만 여기에 2개 보험회사, 금융회사, 환전소가 더해졌다.

▲ 아바나의 농민시장

쿠바 정부가 자본주의 경제 요소를 도입한 대표적 사례는 개인의 경제활동 자율성을 허용한 자영업 제도이다. 실업을 해소하고 과세기반을 확충하기 위한 것이었다. 1997년 7월에 민간주택 임대법을 제정하여 주택소유자가 국가에 등록하고 개인에게 주택을 임대할 수 있도록 하였다. 이와 함께 기존의 배급체제를 보완하기 위한 농산물 시장의 개설을 허용하였다. 관광 개방, 자영업 허용, 달러화 통용 등 제한적 시장경제 요소 도입에 기반한 개혁과 개방 정책의 효과가 나타나고 있다. 제한된 시장이지만 쿠바가 수출하는 광물과 유기농산물 호조는 쿠바 경제 안정에 기여하고 있다. 쿠바경제에 기여하는 분야는 의료 서비스 수출이다. 쿠바는 의사 및 교사들이 베네수엘라, 볼리비아 등 라틴아메리카와 제3세계에 파견되어 의료 및 교육서비스를 제공하고 있다. 이들은 서비스 대가로 원유, 공산품 등 현물을 받고 있다.

쿠바의 우방국 베네수엘라와 중국은 쿠바와 경제교류를 활성화하고 있는 대표적 국가이며 베네수엘라와 중국이 쿠바에 대해 대규모 투자와 경제지원을 실시하고 있다. 베네수엘라는 특혜 가격으로 원유를 공급하고 있으며 쿠바는 의료진 파견을 통해 서비스 수출을 하고 있다. 중국은 중남미 진출확대 전략에 맞춰 쿠바 투자를 강화하고 있다. 유럽을 중심으로 한 국제사회가 미국이 국교정상화 하면서 쿠바진출에 경쟁적으로 가세하고 있다. 그럼에도 불구하고 쿠바 경제는 사회주의와 자본주의의 딜레마에서 시장에 대한 국가통제의 체제유지에 우선순위를 두고 있기 때문에 쿠바 경제는 아직은 자본주의적 개방과 자유화에 의한 성과가 미미하다.

쿠바경제의 자유화 조치가 부분적으로 시행되지만 수출입 통상은 여전히 국가통제 체제이다. 항만, 도로, 통신시설 등의 인프라 시설이 열악하여 물류가 비싸고 낙후되어 외국기업 진출이나 투자에는 경쟁력이 아직 없지만 지정학적으로 미래 전망은 밝다. 곡절과 시행착오 장애들이 있지만 쿠바는 국가가 시장을 통제하는 계획경제 시스템에서 자유시장경제 요소를 가지고 있다. 경제 운영의 기본 정책방향에도 변화가 관찰되고 있고 자영업과 개방 자유화가 생기면서 쿠바사회도 빈부격차 현상이 나타나고 있다. 쿠바는 정부통제로 개방과 자유화의 효과가 공평하고 균형되게 사회의 평등적인 영향으로 나타나기를 바라고 있다.

제한적 개방정책 추진으로 계층간 갈등과 지하경제 확대 등의 부작용이 나타나자 사회주의 경제체제를 강화하고 시장경제 요소를 후퇴시키는 경향이 있기는 하나 쿠바사회는 안정화되어 있다. 따라서 쿠바 경제의 체제전환이나 붕괴는 일어나지 않을 것이다. 사회주의 체제 수호에 모든 정치 경제 우선순위가 있는 쿠바 정부가 체제 전복을 지향하는 미국의 달러화 경제를 거부하고 자본주의적 요소가 가져오는 부작용은 허용하지 않을 것이다. 사회주의 정당성과 배치되는 신자유주의 사조는 철저히 차단할 것이다.

4
쿠바는 아직도 혁명시대이다

쿠바의 1959년 혁명은 이데올로기가 있는 사회주의 혁명이 아니었다. 혁명을 주도한 피델 카스트로나 체 게바라도 사회주의 혁명을 표방하지는 않았으며 혁명세력들은 쿠바의 공산당에 대해서도 비판적이었다. 부패하고 민중을 탄압하는 바티스타 정권을 전복하려는 사회정의의 혁명이었다. 카스트로는 미국의 제국주의 독점자본주의를 비판하면서도 점령이 아닌 평등한 우호관계를 희망했었다. 미국의 공격적 경제 침략에 맞서 국유화를 단행했고 쿠바전복 시도와 봉쇄에 맞서 사회주의를 선택했다. 쿠바로 하여금 사회주의를 택할 수 밖에 없도록 한 것은 바로 미국이었다. 쿠바와 미국이 국교 정상화를 하였지만 미국은 여전히 아메리카 대륙의 사회주의 국가 쿠바를 가시처럼 생각하고 있다.

그러나 쿠바 사람들의 일상적인 생활문화는 사회주의 체제에 억압받지 않고 매우 자유스럽다. 수도 아바나 거리와 레스토랑 클럽의 음악, 연인들의 사랑과 정열의 여유로움은 사회주의와 무관하게 일상화 되어 있다. 쿠바의 사회주의는 사이비 사회주의가 아니라, 평등과 자유의 실천이 있고 휴머니즘이 있는 독창적인 사회주의 모습이다. 세계적 슈퍼파워 미국이 50년 이상을 왜곡하고, 압박하고, 차단하고, 봉쇄하고, 붕괴를 시도했지만 쿠바의 혁명은 혁명의 모델이 되고 사회주의 체제는 견고하였다. 이런 환경에서 국민들 삶의 만족도는 세계 7위의 상위를 마크하고 국제사회는 매혹의 나라라고 평가하고 있다.

▲ 혁명기념일에 혁명광장에 모이는 사람들

1990년대의 '특별시기'라고 하는 어려운 위기 상황을 거치면서도 쿠바사회는 안정적으로 작동했고 특유의 문화적 역동성을 잃지 않았다. 쿠바는 1959년 혁명을 통해 부패한 나라를 바로 세웠고 민중의 나라로 만들어왔다. 국민 모두 평등하게 복지를 누릴 수 있는 국가를 건설한다는 카스트로의 혁명정신은 라틴아메리카 최고 수준의 삶을 가능하게 했다. 쿠바는 다민족 국가이면서 인종차별이 없고 치안 복지의 사회 안전망이 잘 갖추어져 있다. 그래서 부유하지 않지만 쿠바 사람들은 평화롭게 살아왔다. 쿠바는 라틴아메리카에서 가장 안전한 나라로 평가되고 있다. 사회 안전망이나 사회보장제도가 잘 갖춰져 있지만 쿠바사회도 노숙자, 외국인 호객행위, 삐끼, 앵벌이, 매춘 등이 다 있다. 자본주의 공격으로 파생된 일탈자들 이라 한다. 이들 일탈자들의 존재는 개방정책을 거치면서 곤궁해진 사람들이 새로운 틈새를 찾는 현상이다. 쿠바는 의료와 교육을 사회공공의 차원에서 제도화하고 배출된 인재들은 사회에 대해 일정기간 봉사하도록 하는 공교육 이수 수행 시스템을 갖고 있다. 국가교육을 통해 배출된 인력들이 사회에 대해 무엇을 할 수 있고, 해야 되는지를 배우고 각인한다.

쿠바 전역에 동네마다 조직된 혁명방어위원회(CDR: Comite de Defensa de Devolucion)가 있다. 미국과 미국의 사주를 받은 반혁명세력들의 붕괴음모를 방어하기 위해 풀뿌리 주민조직으로 만들어진 것이 바로 CDR이다. 그러나 하는 일은 혁명이나 정치적 활동은 없고 구성원 주민들의 일상생활과 관련된 상담, 지역행사

참여 등을 하는 대화의 커뮤니티이다. 동네 단위의 사회적, 경제적, 문화적 참여의 공간 역할을 하는 주민 커뮤니티로서 그 위상을 갖고 있다. 여기에서는 축제행사도 하는데 혁명의 나라 민중문화가 극치를 이룬다. 쿠바에는 까사 데 꿀뚜라(Casa de Cultura)라는 문화관이 전국적으로 조직되어 있다. 혁명정부는 지역마다 산골에서도 까사 데 꿀뚜라를 세웠다. 전국 각 주에 주 센터와 지역 까사 데 꿀뚜라가 조직되어 네트워크를 형성, 산골까지도 찾아가 공연행사를 하며 지역 문화예술 활동의 근간을 이루고 있다. 까사 데 꿀뚜라는 문학, 댄스, 연극, 영화, 음악, 미술, 축제 등 다양한 문화예술활동을 관장하며 지역 내의 전문가들과 정기적인 미팅을 통해 서로 협력하여 다양한 문화사업들을 계획, 실행하며, 지역주민들의 문화적 욕구는 물론이고 문화예술적 참여의 폭을 넓히며 소통하는 지역 문화예술 활동의 중심거점 역할을 하고 있다. 까사 데 꿀뚜라는 공장, 병원, 감옥 등 지역사회 단위의 사회적 소수자들을 위한 찾아가는 문화공연을 정례화하면서 예술적 치유나 어려운 환경에 처한 사람들을 위로한다.

까사 데 꿀뚜라는 지역문화공간으로서 사회주의체제의 인민 문화생활 매개공간이며 쿠바의 독립영웅 대문호 호세 마르티의 "우리를 자유롭게 하는 것은 문화다" 라는 혁명문화론을 실천하고 있다. 혁명정부는 문화를 중시했다. 이러한 정책이 사회를 이끌어가고 지켜내는 힘과 자산이 되어 어려운 시기에도 쿠바인민들이 밝게 살 수 있었던 저력이다. 카스트로는 1986년 개인의 도덕성을

▲ 라울 카스트로와 라틴아메리카 출신 교황 프란치스코의 쿠바 안녕 안정 담소

중시하면서 지방분권화를 추진하고 주민참여 커뮤니티를 중시하는 정책을 폈다. 카스트로는 미국이 매도한 인권을 탄압한 독재자가 아니라 평등과 사회적 공정이라는 사회주의적 이념을 지속시키면서 문화를 통한 주민참여 커뮤니티를 만들어 민중들의 역동성을 국력화 했다.

고전적인 사회주의 국가의 인민들은 국가와 당이 요구하는 생활양식과 통제 위에서 감시적인 사생활과 문화 활동을 해야 한다. 그러나 쿠바 사람들은 자유롭게 문화활동을 하며 개인들은 매우 자유롭고 열정과 활력, 여유로움이 충만하여 사회주의적이지 않다. 사회주의 국가이기 때문에 긴장해야 된다는 고정된 틀은 쿠바에 해당되지 않는다. 쿠바 사람들의 돈의 욕망은 사회주의이면서도 사회주의적이지 않은, 자본주의의 유혹을 받으면서도 자본주의적이지 않은 신비로움이 있다. 자본주의 세계 체제와 신자유주의 제국인 미국에 대항해 고독하게 사회주의 체제를 지키며 궁핍하지만 문화사회적 역동과 민중들이 행복하게 살아가는 혁명의 나라 쿠바는 인류사의 위대한 역사이다. 오랫동안 성장이 지체된 거리의 노후한 풍경들과 그럼에도 활력에 찬 쿠바인민들이 주는 메시지는 의미하는 바가 크다.

5
미국은 왜 쿠바와 관계 정상화를 하였는가

쿠바와의 국교 정상화를 전격 선언한 미국이 남미 맹주 브라질과의 관계 개선을 통해 남미 재탈환에 나섰다. 미국 조 바이든 부통령이 브라질 지우마 호세프 대통령 취임식에 참석했는데 미 정부 부통령 수준의 최고위급 인사가 브라질 대통령 취임식에 참석한 것은 1990년 이후 처음이었다. 2011년 호세프 대통령의 첫 번째 취임식 때는 힐러리 클린턴 당시 국무장관이 참석했다. 그동안 미 국가보안국이 호세프 대통령의 이메일과 전화통화 기록을 도용한 사실이 드러난 후 양국은 미국 국가안보국(NSA)의 도·감청 문제로 갈등을 계속했다. 바이든 부통령은 취임식에 참석한 중남미 반미 선봉 베네수엘라의 니콜라스 마두로 대통령과도 인사를 나눴다. 베네수엘라는 그동안 쿠바와 손잡고 반미 공동노선을 취해왔다. 미국은 브라질, 쿠바, 베네수엘라 등과의 심한 갈등을 겪으면서 중남미에서의 영향력이 급격히 약화되자 새로운 길을 모색해 왔으며 이런 일환으로 쿠바와 국교 정상화를 단행했다. 이 공간에 중국이 교역확대와 투자를 앞세워 앞마당인 남미대륙 진출을 본격화 하자 상당한 위기 의식을 느낀것이다.

▲ 미국 조 바이든 부통령의 브라질 지우마 호세프 대통령 취임식 참석

　시진핑 중국 국가주석이 2014년 두 차례나 남미를 방문해 경협을 내세우며 정치 경제적 영향력을 한층 확대하고 중국 기업이 파나마 운하를 대체할 수 있는 세계 최대 규모의 니카라과 운하 건설에 들어가자 위기감은 더 커졌다. 라틴아메리카에 대한 미국의 새로운 도전이 시작되었다. G2로 부상한 중국과 강한 러시아의 부활을 꿈꾸며 거침없는 행보를 보였던 블라디미르 푸틴 러시아 대

통령에 밀려 미국의 세계외교 무대 1극 체제의 위력은 종이 호랑이 신세가 되었다.

　피델 카스트로의 뒤를 이어 국가를 통치하고 있는 라울 카스트로는 실용주의자로서 경제난을 극복하기 위해 정치 경제적으로 개혁정책을 실시하고 있다. 라울은 시장경제 요소를 꾸준히 도입하는 등 개혁 정책을 추진해왔다. 또 정치범들을 석방하고 국제사회에 화해의 제스처를 보이며 시장경제 요소를 도입하고 부분적이지만 식량배급제와 정부보조금의 점진적 축소, 자영업자 육성, 주택및 중고 자동차 매매 허용, 소유권 제도 도입, 외국인 투자법, 부정부패 척결 등을 시행하고 있다. 이런 변화 환경에서 프란치스코 교황이 버락 오바마 미국 대통령과 라울 카스트로 쿠바 국가평의회 의장을 설득하여 팽팽히 맞서고 있는 두 나라 관계를 정상화 하는 명분과 길을 열게 하였다.

　오바마 대통령은 쿠바에 대한 봉쇄정책은 실패했으며 이제는 새로운 접근법이 필요하다며 "어떤 나라를 실패한 국가로 몰아붙이는 정책보다 개혁을 지지하고 독려하는 것이 더 낫다는 교훈을 어렵게 얻었다"고 하며 그동안의 대 쿠바정책이 잘못되고 성공하지 못했다는 점을 솔직하게 시인 하였다. 오바마 대통령이 쿠바에 대한 국교 정상화 정책을 추진하게 된 배경은 무엇일까? 그것은 미국의 중남미에 대한 전략적 이해관계를 고려했기 때문이다. 중남미 국가들에선 대부분 좌파 정권이 통치하고 있다. 현재 중남미 18

개국 중 12개 국가에서 좌파 정권이 집권하고 있으며 이에 따라 미국의 영향력이 갈수록 줄고 있다.

중남미 진출을 본격화 하는 중국의 의도는 중남미의 풍부한 천연자원과 시장을 확보하는 등 영향력을 확대해 미국을 견제하려는 것이다. 중국의 중남미 진출 교두보는 쿠바다. 쿠바는 중남미 좌파 국가들의 구심점 역할을 해왔다. 미국은 중국의 영향력 확대를 차단하기 위해 쿠바와 관계를 개선하고 이를 통해 중남미의 주도권을 유지하려는 의도가 크게 작용하였다고 볼 수 있다.

아울러 소련시대만큼은 못하지만 쿠바의 우방인 러시아를 견제하려는 포석이다. 블라디미르 푸틴 러시아 대통령은 2014년 7월 쿠바를 방문해 옛 소련 시절 쿠바의 부채 320억 달러 가운데 90%를 탕감해주고 쿠바를 연결고리로 중남미 좌파국가들과 연대를 공고히 함으로써 우크라이나 사태로 제재를 가하는 미국을 견제하려는 전략을 추진해왔다.

미국은 쿠바 개혁파와의 협력을 통해 공산주의 체제를 포기하도록 유도하는 것을 최선의 방책으로 보고 있다. 쿠바는 북한 · 중국 · 베트남 등과 함께 공산주의 체제를 유지하고 있는 국가다. 미국은 쿠바가 정치 · 경제 개혁 정책을 적극 추진한다면 제2의 미얀마가 될 수 있다고 보고 있다. 하지만 쿠바가 미국과의 수교 때문에 체제가 흔들리고 자본주의 물결이 넘치지는 않을 것이다. 라울 카스트로 의장은 "미국과의 국교 정상화를 계기로 급격한 체제 변동은 없을 것이다"라며 미국과의 관계 발전을 위해 쿠바가 힘들게 지켜 온 가치를 훼손하게 되지는 않을 것임을 천명하였다.

그러나 미국은 미국-쿠바 관계 정상화를 계기로 미국과 중남미 지역 다른 국가들과의 관계에도 긍정적인 변화가 나타날 것으로 기대하고 있으며 남미공동시장 정상회의에 참석한 남미 각국 정상들의 미국-쿠바 관계 정상화 환영 발표에 고무되어 있다. 그렇지만 라틴아메리카에 흐르는 기본 기조는 쿠바 정부와 국민이 존엄과 대등의 입장에서 미국과 관계 정상화를 이룬 쿠바 국민의 역사적 승리라는 평가이다. 라틴아메리카 전체가 추구하여야 할 가치로 삼는 것이다. 중남미 지역에서 미국과 중국의 이익이 충돌할 가능성도 있다. 미국이 중남미에 일방적으로 강력한 영향력을 행사하던 시대는 과거로 가고 있다. 미국-쿠바 국교 정상화의 역사적인 화해가 미국과 중남미 좌파정권 간의 관계 개선에도 동력으로 작용할 것인지는 불확실하다.

VI

쿠바국민의 빛과 삶
사람냄새 물씬한 진짜 쿠바

1. 쿠바 사회

2. 쿠바 문화와 문학

3. 낭만의 나라 쿠바 음악

4. 쿠바의 매력과 매혹

5. 쿠바 사람들의 가난한 행복

1
쿠바 사회

소련과 동구권의 붕괴, 미국의 제재로 심각한 경제적 위기에 봉착한 쿠바는 각종 개혁조치를 통해 시장의 역할을 증가시켜 위기를 타개하려 했다. 이런 개혁조치에 힘입어 관광 부문이 성장하고 의료서비스의 수출 등으로 서비스 부문의 비중이 증가하면서 쿠바의 경제가 회복되어 갔다.

▲ 뉴 아바나

그러나 오늘의 쿠바는 전반적인 변화의 물결 속에서 국가가 나아가야 할 방향에서 전환기를 맞고 있다. 쿠바는 더는 사회주의 체제를 그대로 유지할 수 없으면서도 불평등에 대한 불만 때문에 자율적 시장체제를 곧바로 이행할 수도 없는 딜레마에 빠져있다. 카리브해의 보석이라는 쿠바는 사회주의를 지키기 위해 감수해야 했던 가난이 50여 년을 넘어가면서 국민들은 조금씩 지쳐가기 시작했다. 가난과 평등에 지쳤지만 여전히 행복하다는 쿠바인들, 2008년 라울 카스트로 집권 이후 쿠바는 조금씩 변화하고 있다. 개방화 정책이 서서히 진행되면서 쿠바에도 점차 자본주의의 물결이 밀려들고 있다.

▲ 아바나 호세 마르티 국제공항에서 짐을 기다리는 외국인 방문객들

경제 위기를 극복하기 위한 관광 산업의 활성화 등으로 외국의 문물을 접하면서 자본주의 문화에 적극적이기 시작한 국민들, 개방화 정책에 따른 국민 간 빈부 격차, 그리고 군·관료들의 특권 체제, 밀려오는 외국 상품 등 이런 현상에서 쿠바는 최후의 사회주의 국가로서 그 정체성을 유지할 수 있을까 하는 우려를 한다. 그래도 국민의 70%가 혁명 이후 세대인 대다수의 쿠바인들은 지금의 쿠바를 긍정한다. 배고픈 혁명 역사와 가난하면서도 지금의 체제를 긍정하는 그 힘은 어디에서 오는 것일까? 쿠바 사람들의 기본적인 생활은 정부가 책임진다. 이것이 미흡할 때 쿠바인들은 국가정책과 정부와 권력을 원망도 하고 비판도 한다. 쿠바는 삶의 만족도에서 세계 7위를 유지하고 있다. 그래서 그런지 대다수 쿠바인들은 행복해 보인다.

한 달 중 약 열흘에 해당되는 분량이지만 정부가 공급해 주는 음식에, 무료로 공급되는 가스, 전기, 의료보건, 교육 그리고 주거에 이르기까지 정부가 제공해 주는 기본적 삶의 근거가 그들의 낙천적 행복론의 원천이다. 쿠바는 그 어려운 시기를 견뎌오면서도 무상 의료와 무상 교육의 복지 제도 근간을 결코 허물지 않았다. 미국의 국제포위적 봉쇄 조치 이후 비료, 농약 등을 수입할 수 없자 쿠바는 무농약 유기농의 무환경오염 자력 농업시대를 열었다. 중남미에서는 가난하지만 행복한 쿠바가 삶의 대안으로 떠오르고 있다. 쿠바에서 가슴 깊이 뭉클하게 와 닿는 것들이 있었다. 쿠바 사람들은 어려움에 처한 사람들을 돕는 아름다운 마음을 가진 사람을 혁명가로 믿고 있다.

쿠바는 스페인 식민시대에서 중남미 유럽침략사의 가장 중요한 지역 중의 하나였으며 20세기 중반 이후에는 세계 냉전 구도의 최전선에서 아메리카 국제 정세의 미-소 경쟁 무대였다. 소련연방이 해체되자 소련으로부터 정치 경제적 지원이 없어지고 이로 인해 쿠바 위상과 경제는 어렵게 되었다. 이런 과정에서 관광산업을 중심으로 적대와 우호가 혼재하는 외부세계와의 교류 증진 바람과 이에 따른 쿠바인의 혁명정신, 가치관, 희망, 기대 등에서 큰 변화가 생겼다. 쿠바는 그간 금지하던 외국인 직접투자를 허용하는 등 경제활성화를 위한 노력을 하고 있다. 그러나 최근 쿠바의 경제 상황은 국민들이 필요로 하는 최소한의 상품 생산과 서비스 제공을 만족하게 하지 못하고 있다. 그래서 많은 쿠바인들은 지하경제에서 불법적인 활동을 하며 생활일상의 수요를 충족시키고 있다.

　쿠바혁명부터 소련연방이 무너지고 냉전이 종식될 때까지 쿠바 경제는 평등에 초점이 맞추어져 있었다. 국가가 시민에게 일자리, 식량, 보건, 주거, 교육 등 기본적인 수요를 충족시켜주었다. 이러한 정책의 결과 쿠바 사회는 부의 분배가 매우 균등하게 이루어졌다. 그러나 1990년대 전반기 경제적 어려움이 급속히 증가하면서 국가의 재분배 능력은 감소하였고 이는 사회서비스 질의 저하와 노동자의 실질 임금 감소로 이어져 도시 빈민이 증가하기 시작했다. 쿠바의 개혁에서 경제의 상당 부분이 민영화되었지만, 모든 사람에게 기회가 균등적으로 열려 있지 않고 수혜층이 있는 반면 비수혜층이 존재하는 자본주의적 성격이 되었다. 혁명 이후 쿠바 정부는 교육에 대한 과감한 투자를 통해 많은 분야에서 고급 인력을 키워냈지만 그들을 위한 일자리가 매우 부족하여 다수의 고급 인력이 해외로 유출되고 있는 실정이다.

이러한 현상으로 혁명 이후 1990년대까지 쿠바 사회가 축적해 온 혁명의 성과가 어느 정도까지 보존될 수 있을지 쿠바정부는 우려를 갖고 있었다. 최근 나타나고 있는 쿠바 사회의 빈부 격차 증대는 쿠바 혁명의 목표에 반하는 것이기 때문이다. 쿠바의 이중 통화제도 또한 사회적 불평등을 확대시키고 있다. 1993년 개방 이후 외화와 교환 가능한 태환페소(CUC)와 교환이 불가능한 쿠바페소(CUP)의 이중 통화제도가 운용되고 있는데 태환페소와 쿠바페소의 환율은 차이가 많이 난다. 따라서 상대적으로 가치가 높은 태환페소를 얻을 수 있는 사람들, 즉 관광업에 종사하거나 외국인 소유 기업에 종사하는 사람, 해외에 거주하는 가족이 돈을 보내오는 사람 등은 유복한 경제력을 즐긴다.

경제위기 이전 쿠바인들은 정부에 의지하였으며, 근본적으로 혁명체제를 신뢰하고 있었다. 그러나 지금 쿠바인들에게는 미래에 대한 불안감이 생겨나고 있다. 물질적 궁핍 속에서 성장한 쿠바의 젊은이들이 더하다. 혁명에 대한 회의감도 존재한다. 이들은 성장 과정에서 쿠바 사회의 모순을 직접 목격한 세대이기 때문이다. 소련 동구권 몰락 과정에서 나타난 것처럼 쿠바의 젊은 세대 사이에서는 물질주의와 개인주의가 만연하고 있다. 젊은 세대는 힙합, 히피 문화, 맘보 등 다양한 문화를 즐기고 있다.

▲ 아바나 환전소

1959년 혁명 이후 쿠바는 정부와 정당의 융합, 국가에 의한 사회
통제 등의 사회주의 체제로 국가가 운영되었다. 쿠바 사회는 국가
와 공산당으로부터 수직적인 중앙집권을 통해서 사회참여의 욕구
를 표출하였다. 쿠바의 대표적 참여 제도인 인민회의는 수직적이
고 중앙집권적인 체계의 한 부분으로 제도화되어 있다. 그래서 인

민회의의 역량은 한정적이다. 국가 통제 관리에서 자유롭지는 못하지만 최근 쿠바에서도 제도를 벗어나 자치적이고 참여적인 리더십을 지향하는 대안적인 사회 단체들이 등장하고 있다. 쿠바 사회가 어떠한 방향으로 변할지는 아직 미로이지만 분명 쿠바 사회는 변화하고 있다.

쿠바에서는 가는 곳마다 줄이고 기다림이다. 그래도 다들 불만 없이 기다린다. 시외로 나가는 대중교통이 거의 전무한 쿠바에서 일반인들이 대중교통이나 비행기로 여행하기란 보통 불편한 일이 아니다. 비행기는 너무 비싸고 완행열차는 많지도 않다. 쿠바의 국도를 보면 사람들을 가득 싣고 가는 덤프트럭과 히치하이커들을 볼 수 있다. 쿠바의 국도는 제한속도는 없지만 도로상태가 아주 좋지 않아 속도를 내어 달릴 수가 없다. 비가 심하게 오면 폭우에 쓸려 국도 위로 나온 바닷게들도 있다. 태환페소(CUC)는 쿠바인들이 유로화, 캐나다 달러 다음으로 선호하는 외국인 전용 화폐다. 그런데 이제 미국 달러도 상륙하기 시작한다. 쿠바와 미국은 54년 만에 국교회복을 하고 양국 수도에 대사관을 개설 하였다. 쿠바인들은 이 조치가 인내심을 갖고 싸워 온 쿠바인들의 승리이자, 역사적 정의라고 생각한다. 반세기 넘는 기다림에 그렇게 마침표를 찍은 쿠바인들은 이제 새로운 여정을 준비하고 있다.

제6장

▲ 쿠바의 시골 주민들이 이용하는 덤프트럭

2
쿠바 문화와 문학

　쿠바의 문화와 문학의 정체성은 라틴아메리카를 대변한다. 유럽의 정복시대, 아프리카 흑인노예들의 정착시대, 미국의 점령시대를 거치면서 쿠바의 문화와 문학은 다양하면서도 카리브해와 아메리카를 잇는 독창적인 진가를 가진 애잔의 열정을 나타내고 있다. 여기에 1959년 카스트로, 체 게바라의 민중혁명을 성공시키면서 아메리카 최초의 사회주의 국가가 되어 양키문화와 결합한 쿠바예술은 민중예술로 이동 되었다. 쿠바혁명 전 수도 아바나는 중남미의 라스베가스라 불릴 정도로 화려한 유흥 · 휴양 · 관광 도시로 아메리카의 중요한 문화적 거점으로서 수많은 작가와 예술가들의 요람이 되어 왔다. 쿠바 국민들이 열광하는 손(Son), 룸바(Rumba), 맘보(Mambo), 차차차(Chachacha), 살사(Salsa) 등 라틴 리듬이 쿠바에서 탄생하였으며 지금도 유행하고 있다.

　고난한 역사에도 문학 현대사에는 라틴아메리카의 정체성과 스페인 식민통치에 문필로 저항한 대 문호 민중시인이자 독립운동가였던 호세 마르티(José Martí), 흑인 시인 니콜라스 기엔(Nicolás Guillén), 알레호 카르펜티에르(Alejo Carpentier)와 레사마 리마(Lezama Lima) 등의 세계적 소설 작가들이 있었다. 아멜리아 펠라에스(Amelia Peláez)회화 거장, 윌프레도 람(Wilfredo Lam) 현실주의 화가 등은 국제적으로 저명한 쿠바가 배출한 화가들이었다. 확실히 쿠바는 문화적 저력을 가지고 있다.

그러나 쿠바문화의 기원이 되는 원주민 문화는 인류 역사에서 그 유례를 찾아볼 수 없을 정도의 원주민 학대와 말살로 고유한 원주

▲ 올드 아바나의 거리 책방들

민 문화의 단절을 야기했다. 원주민 사회에서 노는 꾼들의 사라짐은 원주민들의 고유문화 역사 상실을 초래했다. 점령자들은 문명화와 기독교화를 추진했다. 인디오 문화는 말살했지만 스페인 정복단계가 완료되고 식민체제가 자리잡으면서 쿠바문화는 다민족 혼합을 통한 새로운 문화의 생성으로 이행되었다. 이는 카리브해에 위치하여 구세계와 신세계의 관문 역할을 하면서 새롭고 다양한 외부 문물과의 접촉을 용이하게 해 주었던 쿠바의 지리적 위치가 큰 역할을 하였다.

인류의 역사 발전은 다양한 문화 교류의 역사이다. 모든 문화는 다종혼합의 역사이다. 문화적 갈등과 충돌이 예술적 충동과 상상력의 기반을 이루고 있기 때문이다. 카리브의 관문인 쿠바는 유럽, 아메리카, 아프리카 문물과 유행사조를 토착화하여 중요한 문화적 거점으로 자리잡게 되었다. 쿠바 역사에서 침략과 정복은 계속되었지만 국토와 국민을 분단시키거나 외세들이 분할 하지는 않았기 때문에 쿠바의 문화를 내적으로 통일하고 고유화할 수 있었다.

스페인이 쿠바를 정복한 뒤 식민통치를 하면서 정치, 종교, 풍습, 인종 등 모든 분야에서의 혼합정책을 시행하였다. 쿠바국민들은 순혈이 거의 없을 정도로 다수가 혼혈이다. 호세 마르티 국민 시인도 혼혈은 쿠바의 존재라고 말하였다. 쿠바는 혼혈 역사를 이어오며 인종과 문화의 융합을 이루었다. 쿠바의 혼혈은 크게 보면 라틴계, 유럽, 아프리카, 아메리카의 인종적 구성이었지만 19세기

말부터는 중국인, 일본인, 필리핀인, 조선인 등 아시아계 이주자가
들어왔고 중남미에 있던 프랑스인들도 쿠바에 정착한 사람들이 있
어 다민족 인종들이 혼재하였다.

　쿠바 문화는 라틴아메리카적이라고 통칭할 수 없는 다민족 문화
가 누적된 고유성을 가지고 있다. 쿠바의 문화는 몇 겹으로 겹쳐진
다종혼합의 문화이다. 그래서 지명, 풍습, 신앙, 예술, 음식 문화에
이르기까지 여러 층으로 표현되고 나타나고 있다. 혁명과 사회주
의 국가가 되었어도 정부가 심한 탄압을 하지 않았기 때문에 쿠바
에는 가톨릭이나 아프리카 신앙 등 종교 문화가 공존해 왔다. 이는
식민지 유산이다. 쿠바인들은 독립운동, 독립전쟁을 하면서 조국

▲ 쿠바의 민중문화

과 조국의 역사, 조국 문화를 제창하기 시작했다. 그리고 쿠바적인 것을 찾기 시작했다. 카리브해의 진주라고 불리는 풍요롭고 아름다운 자연과 이에 매혹된 혼합민족은 핏줄이 다르면서도 유대감과 개방성으로 춤과 음악, 문학을 사랑하는 여유로운 위로와 화합으로 토착적인 문화 예술을 형성하였다. 이것이 쿠바가 라틴아메리카 문화의 중추적인 국가라고 인정을 받는 이유이다.

쿠바의 다종혼합문화는 시 소설 문학에서 정수를 이루고 있다. 흑인들은 쿠바의 핵심적인 문화를 형성한다. 흑인이 쿠바화되고 쿠바는 흑인화되면서 서로가 동화되었다. 쿠바문화는 민중적이며 정서적인 풍부한 문화와 전통을 가지고 있지만 형성과정을 보면 이질적인 요소들의 공존이 기반 되어왔다. 쿠바는 중남미의 다른 나라들과는 달리 수구주의적 자세가 아니라 지역간·인종간 차별이 없다. 쿠바 문화의 근저에는 문화적 관용성이 작용하고 있다. 이것이 쿠바 문화의 뿌리이다. 쿠바사회에서 인민들에게 명멸하고 있는 애잔함을 주는 노래로 「관타나메라」와 「La Paloma(라 팔로마=비둘기)」가 있다.

쿠바 국민들의 사랑을 받고 있는 노래, 쿠바 민중의 아리랑이 「관타나메라」이다. "관타나모의 농사꾼 아가씨"란 뜻을 담고 있는 이 곡은 쿠바의 국부로 추앙 받는 시인이자 사상가, 혁명가였던 호세 마르티가 지은 시 구절을 노래말로 삼은 곡이다.

관타나메라 과히라 관타라메라 관타나메라 과히라 관타라메라

나는 진실한 사람 야자수 무성한 고장 출신

죽기 전에 이 가슴에 맺힌 시를 노래하리라

관타나메라 과히라 관타라메라 관타나메라 과히라 관타라메라

나의 시는 화창한 초록색 나의 시는 불타는 선홍색

나의 시는 상처 입은 사슴 산 속 보금자리를 찾는

이 땅의 가난한 사람들과 더불어 이 한 몸 바치리라

골짜기에서 흐르는 시냇물이 나는 바다보다 더 좋아

관타나메라 과히라 관타라메라 관타나메라 과히라 관타라메라

호세 마르티의 작품들은 스페인의 폭압 아래 잠들어 있던 쿠바인의 민족혼과 공동체 의식을 일깨우는 역할을 했다. 백인, 혼혈인, 흑인, 아시아인을 막론하고 인종과 계층을 초월해 새로운 쿠바 건설을 위해 힘을 모아야 한다고 주장했다. 마르티의 이러한 호소는 쿠바뿐 아니라 비슷한 역사를 지닌 라틴아메리카 전역에서 지지를 얻었다. 호세 마르티의 「우리 아메리카」 시에는 – "우리는 바람에 흩날려 끝없이 방황하는 나뭇잎이 아니라 밝고 따뜻한 햇볕과 촉촉한 빗방울과 부드러운 바람의 혜택을 누리는 튼튼한 나무줄기에 뿌리 내린 꽃송이여야 한다. 그러나 이런 나무 혼자가 아니라 빽빽이 숲을 이뤄야만 힘센 거인을 이겨낼 수 있다." – 독립운동 지도자의 절절함이 배어있다.

스페인 작곡가 세바스찬 이라디에르(Sebastian Yradier, 1809~1865)가 1830년대 쿠바를 여행하다 접한 아바네라에 매료돼 이 선율

을 배경으로 즉석에서 작곡했다는 「La Paloma(라 팔로마=비둘기)」, 쿠바의 아바나 항구를 떠나는 배에 실려 보낸 비둘기를 통해 자신의 순정을 보내는 한 남자에 대한 구구절절한 연정을 표현한 노래이다.

배를 타고 아바나를 떠날 때 나의 마음 슬퍼 눈물이 흘렀네
사랑 하는 친구 어디를 갔느냐 바다 너머 저편 멀고 먼 나라로
천사와 같은 비둘기 오는 편에 전하여 주게 그리운 나의 마음
외로운 때면 너의 창에 서서 어여쁜 너의 노래를 불러주게
아 치니타여 사랑스러운 너 함께 가리니
내게로 오라 꿈꾸는 나라로
아 치니타여 사랑스러운 너 함께 가리니
내게로 오라 꿈꾸는 나라로

3
낭만의 나라 쿠바음악

어둡고 힘들고 가난한 역사에도 불구하고 쿠바는 음악과 낭만의 나라이다. 살사, 룸바, 맘보 등 아메리카 음악의 메카였고 쿠바인들에게 음악은 전통이자 그들의 삶의 일부였다. 1930~40년대 미국이 쿠바를 속국화 하려는 시절, 여러 음악인들이 왕성하게 활동했다. 이때에는 아바나 지역에 카바레와 클럽 등이 성행했고 쿠바 음악의 대표 음악가들이 '환영받는 사교클럽'이란 의미의 「부에나 비스타 소셜 클럽(Buena Vista Social Club)」 이라는 곳에서 공연을 했다. 수도 아바나에서 시작된 쿠바 음악은 살사, 룸바(아프리카 음악), 하바네라(쿠바 무곡), 맘보(미국 재즈음악) 등 다양한 장르의 음악들이 오랜 전통을 가지고 있다. 아바나에는 모든 음악이 머물렀고 지나갔던 곳이자 지금도 그 명맥이 흐르고 있다.

격동의 역사 속에 정점과 침체가 반복되었지만 쿠바 음악은 꾸준히 국민 모두와 함께했다. 흥과 활기가 묻어 있는 중남미 음악이 합쳐진 라틴 풍의 가락은 쿠바인들에게 낭만과 행복을 주었다.

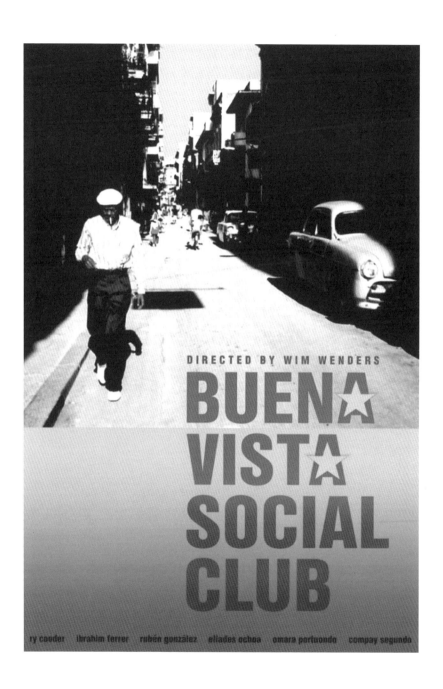

쿠바 음악의 주를 이루는 타악기와 애잔한 가사 그리고 신나는 선율은 쿠바인들을 춤추게 했다. 그러나 쿠바혁명으로 카스트로 정권이 들어서자 사회주의 풍의 장르인 포크(Folk)음악이 주를 이루게 되었고 이에 따라 자연스레 쿠바 음악은 쇠퇴하게 되었다. 카바레와 클럽 등도 사라져갔으며, 쿠바 음악의 황금기를 누리게 했던 여러 음악가들도 뿔뿔이 흩어졌다. 이로 인해 쿠바 음악은 오랜 기간 동안 침체기를 맞는다.

전성기를 누렸던 음악인들이 생업을 찾아 구두닦이로, 생선장사로, 노동자로 각박한 삶의 현장으로 흩어지자 전성기 쿠바음악은 모두 잊혀져 가는 듯 했다. 그런데 정열의 쿠바음악이 재조명되는 기회가 찾아왔다. 미국의 기타리스트인 라이 쿠더(Ryland Peter Cooder)가 쿠바 음악을 접하고 여기에 심취되어 쿠바 음악을 앨

범으로 녹음하게 되었다. 라이 쿠더는 영국의 골드 서킷 음반사 사장 N. 골드와 함께 그는 그때의 감동을 재현하기 위해 쿠바로 들어가 잊혀져 갔던 노인이 되어 버린 전성기 때의 보컬, 퍼커션 등 연주가들을 하나 둘 찾아 쿠바의 낡은 스튜디오에서 앨범 발매를 위한 녹음을 하였다.

1930년대부터 1950년대까지 대중적인 음악 감각으로 전성기를 누렸던 사람들이 뭉쳐 그룹을 만들고 부에나 비스타 소셜 클럽 구성을 재현했다. 그 가치와 명성은 대단했다. 대표적인 멤버들로는 1907년 생으로 기타와 보컬을 맡은 콤파이 세군도(Compay Segundo), 쿠바의 '냇 킹콜(Nat King Cole)'으로 불리며 2000년 라틴그래미상 최우수 신인예술가상을 수상한 그룹의 대표 보컬 이브라힘 페레(Ibrahim Ferrer), 1997년에는 그래미상을 수상한 여성 보컬 오마라 포르투온도(Omara Portuondo), 의학도 이면서

▲ 콤파이 세군도

▲ 이브라힘 페레

▲ 오마라 포르투온도

▲ 루벤 곤잘레스

▲ 엘리아데스 오초아

천부적인 피아니스트인 루벤 곤잘레스(Ruben Gonzalez), 쿠바의 전설적 그룹 'Cuarteto Patria'의 리더였던 기타리스트 엘리아데스 오초아(Eliades Ochoa) 등이 모였다.

그들은 완벽했고 흠이 없었다. 1997년 라이 쿠더의 주도로 앨범을 발매한 그들은, 앨범이 발매 되자마자 재즈(Jazz)나 팝(Pop), 그리고 클래식(Classic) 등 다양한 장르로부터 상당한 찬사와 환호를 받으며, 전 세계의 많은 차트와 빌보드를 휩쓰는 엄청난 인기를 얻게 되었다. 미국과 일본 등 10여개 국에서 발매되었고 폭발적인 판매량을 기록 전 세계를 열광시키면서 1998년에는 네덜란드 암스테르담 공연에 이어 미국 카네기홀에서도 공연을 하여 대성황을 이루었다.

▲ 부에나 비스타 소셜 클럽

이제 그들은 대부분 남아있지 않다. 대부분 부에나 비스타 소셜 클럽의 멤버들이 타계했다. 그들이 암스테르담과 카네기홀에서 공연을 할 당시, 콤파이 세군도를 비롯해 이브라힘 페레, 루벤 곤잘레스 등의 멤버들은 이미 90대 나이였다. 그들은 쿠바 음악의 열정을 보여주었다. 지금도 쿠바의 아바나에서는 '부에나비스타(Buenavista)' 라는 이름을 건 그룹들이 주요 호텔 등에서 공연을 하고 방문객들이 꼭 가는 곳이 되고 있다. 그때의 감동을 재현할 수는 없지만 쿠바의 음악과 낭만, 예술이 살아난 것은 분명하다. 쿠바 음악은 정말 애잔하다. 가사는 쿠바인들의 삶을 그대로 표현하고 있고 그들의 음악에 대한 열정을 고스란히 나타내준다. 쿠바의 아리랑 관타나메라는 더욱 그렇다. 쿠바음악은 사람을 흥겹게 하고 비 음악인까지 전 세계인들을 감동시킨다.

영화 「부에나 비스타 소셜 클럽」 은 "파리", "텍사스", "베를린 천사의 시", "밀리언 달러 호텔" 등 독일 영화의 거장 빔 벤더스 감독이 자신의 친구인 라이 쿠더가 '쿠바의 냇킹 콜'이라 불리는 이브라힘 페레의 솔로음반을 녹음하기 위해 쿠바를 다시 찾았을 때, 그와 동행하여 같은 이름의 영화를 만든 것이다. 이브라힘 페레는 1950년대 이후로는 음악활동을 접고, 허름한 뒷골목에서 구두를 닦고 있었다. 아흔 살이 넘은 고령이지만 여섯째 아이를 낳으려 한다는 콤파이 세군도는 여자와 연애가 인생의 꽃이라고 생각을 하는 골초 뮤지션이다. 영화 「부에나 비스타 소셜 클럽」 은 살아 있는 쿠바음악의 '뮤직박스'이다.

제 6 장

4
쿠바의 매력과 매혹

　쿠바는 영혼을 사로잡는 매혹의 땅으로 쿠바를 경험하거나 방문하는 외국인들에게 매력을 느끼게 한다. 미국과 남아메리카 대륙 사이 카리브해의 관문에 위치한 쿠바는 아메리카 대륙의 열쇠로 불리는 특별한 매력을 갖고 있다. 국가와 민중의 해방과 공동체 형성의 이상을 실천한 민중 혁명가 게바라와 카스트로의 숨결이 있고 세계적 문학의 거장 헤밍웨이가 죽을 때까지 가장 사랑한 나라이다. 카리브해 지역 최대 도시이자 아름다운 항구도시 쿠바의 수도 아바나는 모든 시대적 매력을 두루 갖추고 있다. 쿠바를 묘사하는 문인들은 쿠바를 카리브해의 진주라고 칭한다.

　아바나는 스페인 식민지 시절의 잔재와 쿠바 혁명의 흔적이 고스란히 남아 있다. 이렇게 세월의 흔적과 역사들은 1982년 유네스코 세계문화유산으로 지정되었다. 아메리카 대륙에서 가장 아름다운 건축물로 손꼽히는 18세기에 건축된 바로크 양식의 아바나 대성당, 요새들, 세월의 흔적이 묻어나는 고풍스러운 모습이 즐비하

▲ 오비소프 거리의 상점들과 인민들

다. 혁명의 나라, 성공한 사회주의 국가, 사탕수수의 나라, 시가의
나라, 커피의 나라, 유기농의 나라, 무상교육, 무상의료의 나라 등
이러한 많은 수식어들이 신비성을 준다.

아바나의 밤거리에서 음악과 춤을 즐기는 쿠바인들과 멕시코만
이 연결되어 있는 아바나의 아이콘 말레콘 방파제의 연인들을 보
고 있으면 평화로움이 느껴진다. 여기에 쿠바의 럼으로 만든 국민
칵테일 모히또가 더해지면 절미경이다. 욕망과 경쟁의 아귀다툼을
하지 않고 투자와 투기, 협잡과 사기의 자본주의 사회 편입을 거

▲쿠바 소녀들의 무용

부하며 하루하루 최선을 다하며 가난해도 행복하게 살아가는 쿠바 사람들을 보며 인간 삶의 매혹을 느낀다. 쿠바인들이 즐기는 쿠바 음악은 시대에 따라 다양한 문화와 만나 새롭게 탄생했다. 대표적 룸바, 콩가는 흑인 노예들이 이주한 후 아프리카 음악의 영향을 받아 생겼다.

아름다운 경관을 자랑하는 쿠바는 그 풍광만큼이나 신비한 매력과 매혹을 주며 가난하나 행복하게 살아가는 사람들이 있다. 대부분의 쿠바인들은 아직도 세상을 오염시키는 자본주의에 물들지 않았다. 시간이 멈춰버린 역사의 흔적과 숨결이 살아 있는 곳 여기가 쿠바이다. 쿠바의 협력 우호세력인 소련과 사회주의 국가들 붕괴 이후 최악의 경제적 어려움에 처했던 시절을 '특별시기'라고 한다. 이 고난의 시기에 쿠바인들의 형편은 비참했다. 이 시기 혁명 정부는 오히려 이웃공동체의 사회적 기능을 더욱 강화하고 복지정책을 확대하는 방향으로 위기에 대처했다. '특별시기' 동안 단 하나의 병원도 문을 닫지 않았고, 단 한 명의 교사도 일자리를 잃지 않았다.

쿠바인들은 쿠바혁명이 외세와 결탁한 이념혁명이 아닌, 순수 자생적 민중혁명이라는 자긍심을 갖고 있다. 이러한 정체성이 특별시기를 이겨내게 한 저력이다. 이러한 쿠바가 개혁 개방에 밀려 사회주의와 자본주의 결합의 새로운 실험에 흔들리고 있다. 미국과의 관계 정상화가 굳건히 지켜온 혁명의 인민철학적 기반을 공격하고 물질만능주의와 양키문화가 발흥하는 시대가 도래할지 쿠

제6장

바의 역사학자와 사회는 우려하고 있다. 라틴아메리카와 쿠바의 영웅 체 게바라가 꿈꿨던 사회공동체 체제가 자본주의의 거센 도전에 저항하며 승리의 역사시대를 이어 나갈지 쿠바의 미래가 궁금하다.

5
쿠바사람들의 가난한 행복

　쿠바는 우방국으로 정치·경제협력을 하던 소련의 붕괴와 미국의 반세기 넘는 봉쇄 정책으로 빈국의 처지에 있다. 그러나 일반적인 사회주의 체제와 달리 집단주의 체제의 특징인 국가권력의 억압과 탄압 없이 쿠바인들은 쾌활하고 낭만적이며 친밀하고 자유롭게 산다. 쿠바 국민들의 삶이 행복하다는 것은 2009년 국제기관인 영국의 신경제재단(NEF)이 전세계 국가를 대상으로 삶의 만족도, 기대수명, 환경오염 정도 등을 종합적으로 평가한 국가별 행복도지수 조사에서 쿠바가 7위를 차지한 결과가 이를 설명해준다. 쿠바를 괴롭히는 세계 슈퍼파워라는 미국이 114위, 한국이 68위, 일본이 75위로 쿠바 인민들의 행복지수가 훨씬 높다. 쿠바 국민들이 훨씬 행복하다고 느끼고 있다는 것이다. 물질과 행복은 반드시 비례하는 것만은 아니라는 사실을 쿠바 사람들은 보여주고 있는 것이다.

　쿠바 사람들은 가슴을 펴고 유쾌하게 거리를 걷는다. 나이든 사람이든 젊은 사람이든 빨갛고, 노랗고, 파랗고, 하얀, 화려한 색감의 옷을 몸에 걸친다. 평등하게 가난한 상황이 지속되는 경제사정도 궁핍한데 거리에는 활기찬 살사 음악이 울려 퍼지고 흥겨운 춤이 가세한다. 1959년 혁명 성공과 사회주의 국가로 탄생한 쿠바를 미국은 곧 붕괴될 국가라고 국제사회에 홍보했지만 쿠바는 독창적인 나라로 거듭났고 국민들은 당당하게 살아 가고 있다.

▲ 저렴한 로컬식당에서 음악과 함께 식사시간을 즐기는 쿠바사람들

쿠바 사람들의 연애와 결혼은 거리에서 또는 해안가, 공원, 버스 정류장 등에서의 우연한 만남이 인연으로 발전되는 경우가 많으

며 신분, 지위, 부 등이 중요시 되지 않고 있다. 두려워하지 않고 그저 인간적인 면으로 통하게 되면 사귀는 것이 쿠바인의 '연애철학'이다. 쿠바인의 평균 월수입은 쿠바 국가통계국에 따르면 429페소(2만2천원 가량)이지만 교육과 의료가 무료이고, 배급제도가 있어서 최저의 생활은 보장된다. 연애·데이트는 돈이 안 드는 공원이나 해안가 말레콘 거리, 좀더 나으면 영화관이나 아이스크림 가게, 야외 콘서트장 정도이다. 연인이나 배우자가 어려움에 처하거나 잘못되어도 거의 배신하지 않고 어려움을 공유, 서로 의논하고 위로하며 동행하려 한다. 그들은 어떤 상황에서든 농담을 하고 웃으며 앞을 바라보며 살아 간다.

▲ 춤과 음악이 있는 카페

세계에 환상적인 쿠바를 소개했던 영화 '부에나 비스타 소셜 클럽'의 디바 오마라 포르투온도는 사랑과 열정이 없으면 좋은 노래를 부를 수 없다고 말하고 있다. 그래서 연인과 결별하거나 이혼해도 다시 사랑할 사람을 찾는다. 쿠바에서는 이혼하기가 쉽다. 결혼해도 서로 각자의 성을 쓰고 아이들도 양쪽의 성을 쓸 수 있기 때문에 이혼을 해도 이름은 변하지 않는다. 혁명 뒤 남녀 권리 평등을 지향해온 쿠바는 전문직을 포함해 모든 분야에서 여성 진출이 평등하게 구성되어 있다.

미국 때문에 국제사회와 오랜 단절 속에 시대에 동떨어져 압박을 당하면서도 쿠바가 여전히 매혹적이고 아름다운 것은 낡은 의자에도, 깜빡 거리는 전구에도, 구석구석 곳곳에 사람냄새가 배어있다는 것이다. 화려한 쿠바의 상징보다 그저 평범한 쿠바사람들의 모습과 그 냄새를 머금은 흔적들을 쉽게 만날 수 있다. 화려한 올드카, 웅장한 유럽풍 건물, 시가를 입에 문 노인들도 독특하지만 아이들이 골목에서 공을 차고, 촌부들이 생계를 위해 바다에서 고기를 낚는 모습도 쿠바의 진한 행복의 아름다움이다.

코발트 색, 허물어진 건물 테라스, 빨랫줄에 걸린 빨간 이불과 셔츠들이 바람에 하늘거리는 것에서도 진한 삶의 냄새가 풍긴다. 노을 진 말레콘의 방파제와 눈이 시리도록 파란 카리브해가 펼쳐진 바라데로 해변가, 헤밍웨이가 사랑했던 모히토와 진한 커피향이 어우러진 쿠바의 카페, 오토바이 시동소리, 동전 굴러가는 소리에

▲ 서구화풍의 카페

도 춤을 추는 쿠바인의 정열적인 사랑과 꿈이 있다.

카리브해안의 매혹적인 자연풍광, 시간이 멈춘 듯한 고색창연한 도시 아바나, 슬픔과 아름다움을 동시에 머금고 있는 세계 최대의 공동묘지 세멘테리오 콜론, 바라데로와 카르데나스의 풍광, 쿠바 한인들의 이주 역사가 시작된 마탄사스의 엘 볼로 등은 쿠바의 역사가 고스란하다. 쿠바는 확실히 독특하고도 아름다운 풍경을 가진 나라다. 오래된 플랜테이션(대규모 농장)과 녹색으로 뒤덮인 계곡, 지난한 역사, 문학적 유산, 이 모든 것이 쿠바인들의 행복이며 황홀한 카리브해를 배경으로 펼쳐진다.

제6장

VII

쿠바속으로

1. 가보고 싶은 신비의 나라
2. 생태농업 유기농의 메카 쿠바
3. 슬프고 아름다운 역사를 찾아서

1
가보고 싶은 신비의 나라

▲ 2015년 6월 파리에서 펼쳐진 라틴아메리카 축제 퍼레이드

    400년 스페인 식민지시대와 강대국 침탈 야욕 등 격동의 시대 혁명과 전쟁을 겪었던 역사를 고스란히 간직한 쿠바의 수도 아바나와 오래된 요새들은 르네상스 이후 중세 유럽의 바로크와 신고

제7장

▲ 2015년 6월 파리에서 펼쳐진 라틴아메리카 축제 퍼레이드

전주의가 어우러진 보존의 가치를 인정받아 1982년 유네스코 세계문화유산으로 지정되었다. 모두가 평등하게 고난했고, 가난하지만 가난의 찌듦이 없는 곳, 낭만과 행복, 문학과 예술이 살아 있는 곳, 휴머니즘이 생동하는 아메리카의 유일한 사회주의 국가 쿠바가 반세기 미국의 압박 봉쇄를 벗어나 진정한 광복의 평화공존시대를 가고 있다.

잔혹의 역사, 매혹의 문화, 자주광복의 나라, 영혼을 사로잡는 땅 여기가 쿠바이다. 체 게바라, 카스트로, 헤밍웨이의 위대한 흔적과 숨결이 흐르고 애절한 한민족 디아스포라가 서려있는 중남

▲ 방파제 말레콘에서 휴식하는 쿠바노

미의 관문 카리브해를 품은 신비의 나라·영웅의 나라이다. 주름진 세월이 내려앉아 있는 아바나(Habana)의 구시가지 풍경과 카리브해를 바라보는 해안을 따라 길게 뻗어 있는 방파제 길 말레콘(Malecon), 쿠바 민중들의 행복한 거리 오비스포(Obispo), 몸과 마음을 사로잡는 거리음악과 춤들이 쿠바의 풍광으로 다가 온다. 쿠바의 원초적 자연을 느낄 수 있는 곳이자 독특한 모양의 산과 야자수, 수많은 계곡과 동굴이 있는 비날레스, 수백 년 동안 사탕수수와 노예무역으로 번성했던 도시 트리니다드, 점령군과 쿠바인들이 치열하게 싸웠던 비극의 현장 산후안 언덕, 쿠바혁명의 아이콘 체 게바라의 도시이자 혁명의 요람 산타 클라라, 지난한 과거의 슬픈 자취가 그대로 남아있는 2008년 유네스코 세계문화유산에 등재된 까마구에이도 슬프고 아름답다.

제 7 장

▲ 가난하지만 행복하게 살아가는 쿠바의 중년들

　　수십년 된 미국의 클래식 자동차가 아바나 거리를 질주하는 것을 보면 타임머신을 타고 과거로 돌아온 듯 미국점령시대를 연상케 한다. 금수조치 이전 1930~50년대 미국인들이 가져오거나, 수입한 미국산 자동차이다. 아바나 시내에는 1940년대 머큐리 승용차나 1950년대 포드, 1950년대 비틀, 1970년대 라다를 비롯한 올드카들이 쿠바거리의 상징처럼 굴러다닌다. 그러나 지금은 세계 모든 도시를 점령한 그 흔한 스타벅스, 맥도널드 등 패스트 푸드점이나 코카콜라는 보이지 않는다. 쿠바가 자본주의 공격과 미국영향에 오염되기 전 청정 쿠바를 보려는 세계인들의 방문이 넘쳐나고 있다. 아바나 호세 마르티 국제공항은 미국 관광객의 방문이 끊이지 않는다. 유럽풍의 건물과 차량, 연인들의 데이트, 서양 관광객

들, 곳곳에서 펼쳐지는 음악과 춤 그리고 자유로운 쿠바인들에게
서 사회주의 냄새는 느껴지지 않는다.

▲ 여성군무단 아바나 꼼빠스 댄스(Habana Compas Dance)

쿠바에는 아직까지 옛 향기가 그대로 남아있다. 스페인 식민지
흔적이 곳곳에 고스란히 배어 쿠바만의 독특한 분위기를 만들어낸

다. 시가를 문 사람들의 표정과 살사 음악, 1939년부터 시작된 트로피카나 쇼는 화려한 볼거리와 넘치는 에너지로 매일 밤 관광객들을 끌어들인다. 미국을 대표하는 사랑 받는 작가 헤밍웨이는 쿠바에서 노인과 바다를 집필하고 쿠바인으로 노벨상을 받았고 쿠바인으로 살았다. 헤밍웨이는 쿠바에서 기쁨과 고뇌의 걸작을 탄생시켰으며 문학적 여정을 보냈다. 그는 쿠바인 보다 쿠바를 더 사랑한 미국인이다.   험한 역사의 고난시대를 지내오면서도 쿠바사람들은 따뜻하고 순박하고 정열적이다. 영달과 욕심과는 거리가 먼 휴머니즘이 넘친다. 가난하면서도 행복하게 산다. 쿠바의 신비로움이 아닐 수 없다. 쿠바는 빠져들면 빠져들수록더 빠져들고 싶은 나라이다. 무엇이 그렇게 매혹하는지는 가보아야 이해가 된다.

▲ 아바나의 클래식 올드카

2
생태농업 유기농의 메카 쿠바

　쿠바사회에는 대 문호 시인이며 독립운동가로 쿠바 국민들이 추앙하고 존경하는 영웅, 거목 호세 마르티의 교훈과 가르침에 따르는 교육제도가 있다. 자연의 소중함을 깨닫게 하기 위해 초등학교 과목에 정원 가꾸기가 있고 중·고등학교 때는 농장에 가서 농사일을 해야 한다. 온 국민이 신분, 지위, 경제사정에 관계 없이 평등하게 배우는 무상 교육은 쿠바 교육제도의 중요한 특징이다. 그래

서 쿠바인들은 물질적으로는 넉넉하지 못하지만 함께 울고 웃으며 나누는 문화가 생활 속에 녹아 있다. 다민족 혼혈체인 쿠바사람들이 음악과 춤을 사랑하는 원천도 여기서 비롯 되었다. 3대가 같은 음악에 맞춰 춤을 추는 모습의 발견은 특별한 것이 아니라 그들의 일상이다.

쿠바가 무상의료, 무상교육, 배급제도 체제를 유지하지만 생활 안정을 위한 내외적 환경이 열악하기 때문에 쿠바사회에도 암시장이 생겨나고 이중적인 일을 하는 사람들이 늘어나고 있다. 관광산업이 주된 국가 수입원이 되다 보니 외국인 관광객이 늘어나면서 일어나는 쿠바의 변화이다. 그러나 쿠바의 도전은 지금도 푸른 혁명으로 진행 중이다. 1992년 리우 환경회의에서 피델 카스트로는 합리적인 인간의 삶과 정의로운 국제질서를 위해 사람들과 국가가 싸우지 말 것과 환경 오염이 없는 생태계의 복원을 주장하며 쿠바 친환경 유기농업을 소개 했다.

자본주의 질서가 산업화·도시화·경제화 되면서 세계 농업은 자연영농이 아닌 화학영농을 뿌리내리게 했고 이로 인해 환경이 오염되고 생태계가 파괴되었다. 이를 친환경 유기농업으로 재 탄생 시킨 것이 쿠바이다. 그 시작과 원인은 미국의 봉쇄정책으로 화학 비료나 농약 등의 제조나 수입이 불가능하게 되어 실험적으로 시작하게 된 것이었지만 기술적으로도 영농적으로도 성공하여 쿠바는 세계적으로 자타가 공인하는 유기농업의 메카로 인정을 받고 있다.

▲ 쿠바 유기농 협동농장

쿠바 사회주의 체제는 국영농장 중심의 생태파괴적 대량 생산과 유통체제를 지역 공동체 농업, 협동농장 농업, 가족농업 중심의 유기농업 체제로 전환했다. 이를 통해 쿠바는 식량, 농업, 환경문제의 해결이라는 인민적 과제를 근대 화학농업의 사슬에서 과감히 벗어나 유기농업으로 전환하므로서 성공한 것이다. 쿠바의 유기농업은 단순히 무농약 무비료의 소극적 개념을 넘어 자연과 사회환경을 순환하는 자랑스러운 푸른 혁명으로 발전되었다.

제7장

쿠바는 농촌만이 아닌 수도 아바나의 근교 농업도 유기농 도시농업으로 하여 전 국토를 친환경으로 바꾸어 놓았다. 중요한 것은 유기농 농산물 생산이 국민 전체를 위한 것이지 비싼 값을 받으려는 상품이 아니라는 것이다. 이것이 초등학교에서 중·고등학교까지 영농교육을 하는 이유이다. 쿠바의 매력과 희망을 느끼게 하는 대목이다. 쿠바는 낡아진 옛 시가지를 수리하고 보수하고 재건축하는 도시화를 하는 대신 농업개혁을 통해 국민 삶에 주력하였다. 세계의 농업학자들은 "미국이 가져다 준 절박한 현실에서의 생존 수단을 위한 창의적인 아이디어가 많은 자본과 고도의 설비가 없으면 이룰 수 없다는 하이테크 신화를 무너뜨렸다"고 높게 평가했다.

쿠바는 돈이 없어도 생계가 가능한 유토피아다. 쿠바 사람들은 평균적으로 30~50 달러 수준의 수입으로 낭만적으로 살아가고 있다. 1959년 혁명 이후 모두 평등한 국가를 건설한다는 카스트로의 이상 아래 사회적 격차가 적고, 특권 계급도 없는 평등사회 구축으로 식생활·교육·의료·문화·복지에서 라틴아메리카 최고 수준의 삶을 실현하는데 성공했다. 쿠바는 도시계획에서 도시농업을 중요하게 고려한다. 모든 토지가 공공의 소유지만 경작 주체와 혜택은 국민에게 두고 있다. 사회주의 체제지만 농민시장이 형성되어 있고 개인 농가의 자유판매도 시행되고 있다. 저렴하면서도 돈이 모자라면 모자란 대로 판다. 협동과 나눔의 농민문화는 한 명의 아사자도 만들어내지 않는 쿠바의 저력이다. 미국보다 앞선 의료복지국가인 쿠바에서는 국민은 무료로 치료를 받고 어린이들과 여성의 건강은 특별히 우선한다. 자연녹색약품이 장수나라를 만들고 있다. 혁명의 나라 도시농업은 협동과 평화의 커뮤니티를 유지하는 중심이 되고 있다. 생태 복원의 유기농 메카답게 석유문명을 최소화하여 기계동력이 없는 이동수단의 교통 시스템, 태양열을 이용한 에너지 확보 시스템 등도 에너지 절약 운동과 함께 쿠바가 이루어가고 있는 환경보전의 독창적 상징이다. 쉽지는 않지만 쿠바는 고통이 따르지 않는 구조개혁을 지금도 추진하고 있다.

▲ 아바나 도시농업

3
슬프고 아름다운 역사를 찾아서

▲ 카피톨리오로 가는 길

　　쿠바에는 아메리카 대륙에서 일어나는 빈부의 격차, 노동의 착취 민중들의 빈곤한 삶에 자행되는 억압과 착취의 현실에 저항하며 혁명전선에 앞장 섰던 전설적인 민중 혁명가, 라틴아메리카의 존경과 사랑을 받고있는 피델 카스트로와 체 게베라의 숨결이 있다. 또한 미국의 대표적 행동파 작가 어니스트 헤밍웨이가 20년간 쿠바에 살면서 이곳의 혁명과 전쟁을 추적하는 문학적 승리를 이루었던 흔적이 있다. 그의 대작 「누구를 위하여 종은 울리나」는 혁명세력들의 게릴라 전술에 영향을 주었고 「노인과 바다」는 식민지 시대를 살아온 작은 어촌 코히마르(Cojimar)를 무대로 서술한 작품으로 쿠바문학이 되어 있다. 헤밍웨이는 쿠바와 쿠바사람들을 사랑하고 비감을 함께했다. 헤밍웨이의 흔적과 삶은 아바나의 음악과 노래에 살아 있다. 억압받던 농민들이 즐겨 부르던 쿠바의 아리랑 관타나메라(Guantanamera)노래, 럼과 시가, 룸바 춤

등은 어디서나 부르고 추고 보게되는 쿠바의 민중문화는 미국에서 온 이방인 헤밍웨이가 연민하며 살게 했던 서정이다. 독재와 강대국, 억압과 봉쇄의 짓밟힌 땅이 평화와 미래를 찾아 새로운 역사를 열어가고 있다. 카리브해의 작은 나라 쿠바가 세계 최강 미국의 반세기 이상 계속된 온갖 억압과 방해를 견뎌내고, 사회주의라는 자신들이 선택한 생활방식을 유지한 채, 마침내 미국의 사실상 항복을 받아내고 국제사회에 화려하게 복귀한 것이다. 작은 나라, 쿠바의 위대한 승리로 아메리카 대륙의 일방적 질서가 화해와 공존의 질서로 전환되고 있다.

쿠바의 수도 아바나는 북서쪽 해안에 위치한 항구도시로 1519년경에 미국인에 의해서 만들어진 첫 도시 중 하나이다. 캐리비안해는 천혜의 항만 중 하나이며, 250년 동안 스페인들이 신대륙으로

▲ 말레콘의 쿠바 연인

▲ 아바나의 일상

부터 약탈한 보물들을 유럽으로 운송하는 중요한 지역이었다. 아바나는 19세기 담배와 설탕, 럼주, 커피의 수출지로 경제적 성장을 이루었으며 아프리카 노예무역이 성행했던 곳이다. 아바나는 우아한 스페인 식민지 풍의 분위기와 아프리카 쿠바 문화의 활기와 조화로 시간을 거스르는 매력을 발산한다. 아울러 500년간 보존 되어온 스페인 식민문화와 바로크 양식과 고딕 건축 양식들이 펼쳐져 있다.

아바나는 20세기 초에서 1958년 미국인들이 떠나기 전까지 카리브 최고의 환락도시였다. 남미 최대의 중산층이 살았던 이 도시는 호텔과 카지노와 나이트클럽이 번성했고, 카레이싱과 뮤지컬 쇼가 밤마다 화려하게 펼쳐지던 도시였다. 혁명이 일어나기 한 해 전인 1958년, 미국의 앞마당이었던 이 도시를 찾은 미국인만 30만 명에 이르렀다. 지금도 음악과 춤이 있는 영혼의 도시 아바나는 방문객들이 사랑할 수 밖에 없는 도시이다.

제7장

▣ 아바나(Havana)

• 아르마스 광장(Armas Parque) - 성 크리스토발 (San Cristóbal) 대성당

대성당 광장은 400년 동안 쿠바의 권한과 권력의 상징으로 19세기 말부터 20세기 초까지 아바나에서 가장 변화한 거리였다. 이 광장이 아바나에서 사진이 가장 잘 받는 광장이라고 한다. 1748년에 공사를 시작하여 1777년에야 끝난 이 성당의 전면은 라틴아메리카에서 가장 아름답다는 평가를 받고 있다. 아바나에서 가장 아름다운 광장의 하나인 대성당 광장의 중심에는 성 크리스토발(San Cristobal) 대성당의 탑이 있다. 주변에는 아메리카 대륙에서 가장 오래된 식민지 요새인 레알 푸에르사(Real Fuerza) 요새가 있다. 야자나무가 많은 왕립 아르마스(Armas) 광장에는 400년 쿠바 권한과 권력의 상징으로 광장의 서쪽에 팔라시오 델 세군도 카보

(Segundo Cabo 구 총사령관저) 궁이 있다. 아바나에는 도시 양식
에 따라 4개의 거대 광장-대성당 광장, 성 프란시스코(San Fran-
cisco) 광장, 비에하(Vieja) 광장, 아르마스 광장이 있다.

· 국립 미술관(Museo Nacional de Bellas Artes)

　　쿠바의 대표적 현대화가들의 작품이 전시되어 있다. 쿠바를 대
표하는 미술관 중 하나로 식민지시대부터 현대까지 쿠바의 예술
품, 그리고 세계적으로 유명한 화가들의 작품을 다수 보관하고 있
다. 국립미술관은 1913년 건축가 에밀리오 에레디아가 설립했다.
유럽과 라틴아메리카의 예술품들이 총망라된 국제 미술 전시관과
쿠바의 세계적인 초현실주의 작가 위프레도 램의 작품들이 전시
된 쿠바 미술 전시관으로 나뉘어져 있다. 쿠바 미술 전시관에 전
시되어 있는 작품들에서 쿠바 화단의 예술을 한 눈에 볼 수 있다.

제7장

• 카피톨리오(Capitolio) 구 국회의사당

카피톨리오(Capitolio Nacional)는 아바나 시내 중심의 관광명소로 과거 국회의사당으로 사용됐던 곳이다. 미 국회의사당과 파리에 있는 판테온 신전을 본떠 만들었으며 규모가 거대하고 웅장하다. 미국 워싱턴의 국회의사당인 캐피톨과 쌍둥이 설계를 했다고 한다. 현재 쿠바공화국의 국기가 휘날리는 카피톨리오는 미국 점령의 잔재다. 친미 독재자 바티스타 정권시절, 미국인에 의해 지어진 것으로 미국 야욕이 묻어 있는 식민지 시절의 산물이다.

• 아바나국립대학교(Universidad de la Habana)

　　1728년에 설립된 아바나국립대학교는 중남미 지역에서 가장 오래된 대학교이자 쿠바 최고의 명문이다. 경제, 과학, 사회 과학, 인문의 16개 학부로 구성되어 있으며 라틴아메리카 국가들을 포함한 외국 유학생이 가고 싶어 하고 우수한 학생들이 공부하는 쿠바가 자랑하는 대학이다. 친미 독재정권 풀헨시오 바티스타 집권 시절 투쟁과 자유의 공간이었고 반정부 시위의 중심지이었다. 영화 "소이 쿠바(Soy Cuba)"라는 작품에 나오는 대학 진입의 수많은 계단은 영화속에서 독재자 바티스타에 저항하며 피델 카스트로를 기다리는 대학생들의 시위장소로 등장한 곳이다. 바티스타가

제7장

1959~1956년 대학을 폐쇄하였지만, 피델 카스트로의 혁명정부가 들어서며 대학은 반 혁명적 사상을 제거하며 교육개혁과 평등 자유화를 통해 인재 교육의 전당으로 발전하였다.

피델 카스트로가 이 대학 법학부를 나와 변호사가 되어 혁명의 길을 선택했다. 혁명과정에서 아바나국립대학교는 지식인의 혁명 전선이 되었고 그래서 캠퍼스 안에는 당시 전투에 사용되었던 무기들이 전시되어 있다. 아바나국립대학교의 의학부는 의료복지국가 쿠바의 의학기술과학과 인재를 길러내는 핵심이며 미국을 포함한 세계 여러나라들의 의과생들과 의료진들이 유학하고 있다.

• 모로 성(Castillo de los Tres Reyes Magod del Mrro)

　아바나 항구 초입에 있는 모로성은 1630년에 지어진 스페인 식민지시대 요새이다. 카리브의 해적들과 외침자들의 아바나 진입과 침략을 방어 감시하기 위해 건설되었다. 당시 사용되었던 대포 무기들이 전시되어 있으며 매일 저녁 당시 스페인 병사들이 행했던 포격식과 성문 봉쇄 의식을 하고 있다.

• 아메리카 대륙에서 가장 오래된 식민지 요새
레알 푸에르사(Real Fuerza) 요새

　아바나의 세 요새 중 가장 오래된 곳이다. 아바나가 카리브의 관
문 무역항이라는 지정학적 위치 때문에 프랑스, 영국, 네덜란드의
해적 공격이 자주 일어났고 표적이 되었다. 1537년에는 프랑스 해
적의 습격으로 인해 불탔고, 1553년과 1555년에도 약탈을 당하
는 등 많은 피해를 입었다. 스페인 식민통치자들은 이를 방어하기
위해 곳곳에 요새를 건설하였다. 아바나에는 《푸에르사 요새》,
《푼타 요새》, 《모로 요새》 등 많은 요새가 만들어졌고, 군사 도
시로서의 면모가 정비되었다.

• 오비스포(Obispo) 거리

　아바나 지역을 연결하는 중심 거리인 오비스포 거리(Calle Obis-
po)는 현대적인 건물과 전통, 오래된 건물이 조화를 이루며 공존
하는 올드 아바나이다. 아바나 거리 중에서 가장 유명한 거리이다.
동서로 길게 늘어선 거리는 여행안내소, 국영환전소(CADECA,
Casa de Cambio), 국영 인터넷 센터 등을 비롯하여 저렴한 로칼
음식점, 쇼핑센터, 길거리 책방이 있는 소박한 거리로 쿠바사람들
과 방문객들이 붐빈다. 쿠바에서 현지인들의 삶을 느껴볼 수 있는
대표적인 곳이다. 유지보수를 하지 못해 색이 바랜 건물들, 등 하
교 하는 아이들과 곳곳에서 공사 중인 모습들, 문을 열어놓고 이
웃과 담소를 나누는 풍경 등 쿠바인들이 살아가는 모습을 그대로
볼 수 있다.

제 7 장

• 말레콘(Malecon 방파제)

　　영화 '부에나 비스타 소셜 클럽' 첫 장면에 카리브해의 파도가 부서지는 말레콘이 나온다. 아바나를 둘러싸고 있는 긴 방파제로 지난한 역사를 겪어온 쿠바인들은 오늘날까지 멕시코만이 보이는 이곳에서 애환을 달래고 사랑을 나누며 음악과 춤으로 휴식을 취한다. 낚시를 하는 이들부터 물놀이를 즐기는 아이들까지 많은 사람

들이 모여드는 카리브해 대표적 명소인 말레콘에는 멋진 낭만과 정열 그리고 애잔이 흐른다. 말레콘은 활기차고 에너지 넘치는 풍경과 더불어 해가 지기 시작하면 서정적인 모습을 드러낸다. 가족과 함께 나들이 나온 아이들, 함께 데이트를 즐기는 연인, 친구들과 담소하는 사람들, 혼자 고독을 즐기는 사람과 그 사이를 걸어가고 있는 여행자들이 한데 엮여서 말레콘의 표정을 만들어 낸다. 어두운 밤이 되면 연인들의 데이트는 강렬해지고 주연을 하는 사람들도 늘어난다.

▲ 방파제의 거리공연

제7장

• 혁명 박물관(Museo de la Revolucion)

　혁명 박물관(Museo de la Revolcion)은 1920~1960년에는 대통령 관저로 사용되었던 곳이다. 현재 혁명관련 사진자료와 무기가 전시되어 있는 박물관으로 박물관 광장에는 카스트로 혁명군이 멕시코에서 타고 왔던 요트 그란마(Granma)가 전시되어 있다. 혁명 박물관은 쿠바 국립 미술관 바로 옆에 위치해 있다. 1959년 쿠바혁명 이후 박물관으로 개장되었다. 피델 카스트로와 체 게바라에 대한 자료가 많고 쿠바 혁명의 역사에 대해서 알기 쉽게 설명되어 있다.

• 혁명광장(Plaza de Revolucion)

▲ 아바나 혁명광장에 있는 내무부와 체 게바라 흉상

    쿠바 혁명기념과 국경일에 대규모 군중집회와 퍼레이드가 열리는 대표적 인민광장으로 아바나의 랜드마크 역할을 한다. 광장 둘레에는 내무부, 외교부 등 정부 부처가 있으며 내무부 벽에는 체 게바라의 벽 동상그림이 있고 기념탑에는 독립영웅 호세 마르티 동상이 서있다.

제 7 장

• 헤밍웨이 박물관(Museo Momerial 'Ernest Hemingway')

아바나 근교 산프란시스코 데파울라에 있으며 어니스트 헤밍웨이가 살았던 집이다. 「노인과 바다」등의 작품을 쓴 곳이며 그의 소장품과 9,000권의 장서가 보관되어 있다. 쿠바에서 체 게바라와 함께 유명한 또 하나의 거목이 헤밍웨이다. 아바나 곳곳에 그가 남긴 흔적들은 오늘날 명소가 되어 방문객들이 찾아오고 헤밍웨이가 생전에 마시던 쿠바 럼주 칵테일 다이끼리를 마신다. 또 「누구를 위하여 좋은 울리나」를 쓴 아바나 중심가의 암모스 문도스 호텔과 도심의 소음을 피해 한적한 곳을 찾아 떠난 코히마르(Cojimar) 어촌에는 아직도 그의 흔적들이 남아 있다. 코히마르는 1954년 그의

노벨문학상 수상작인 「노인과 바다」의 무대가 된 곳으로 한 노인
이 겪은 실화를 토대로 작품을 완성했다.

▲ 노인과 바다 무대인 코히마르 어촌

▲ 혁명을 지지한 헤밍웨이와 카스트로의 교우

▣ 바라데로(Varadero)

아름다운 해변의 천국 같은 곳으로 열대 녹지로 둘러 싸여 있다. 미국점령시절 미국인들의 발길이 끊이지 않던 곳이었고 지금도 쿠바의 대표적인 해변 휴양지이다. 아바나에서 차로 2시간 거리이다. 푸른해변이라는 별명을 가진 바라데로는 최대폭 1.2km, 길이 21km로 길게 뻗어 이카코스(Hikacos) 반도를 이루고 있다. 넘실대는 파도, 작열하는 태양, 끝없이 펼쳐진 모래사장이 천혜의 해변 장관을 보여주고 있다.

▲ 바라데로 해변

▣ 비날레스(Vinales)

▲ 비날레스 인디오 동굴

　　쿠바의 수도 아바나에서 서부로 108km 떨어진 비날레스 계곡은 화학 비료 없이 유기농법으로 담배와 각종 농사를 짓는 곳으로 자연환경이 개발되지 않아 원형 그대로가 보존되어 있다. 특히 생태 관광지로 유명하다. 쿠바 자연이 만들어낸 이 아름답고 고풍어린 곳, 비날레스는 인디오가 살았던 동굴과 거대한 벽화가 있는 고대 도시로써 유네스코 세계문화유산으로 지정될만큼 독특한 풍경을 가지고 있다. 산으로 둘러 쌓여 있는 비날레스 계곡은 웅장한 경

제7장

관을 자랑하고 있으며 아직 옛 전통 방식의 농업을 하며 쿠바가 자랑하는 시가담배의 주산지이다. 비날레스 시가는 세계 최고급으로 꼽힌다. 비날레스의 담배 농장 및 건조장 등 담배에 관련된 곳들은 관광사업으로 발달했다. 이곳에서 노예들의 피난처였던 산 미구엘 동굴을 볼 수 있고, 인디언들의 은신처로 쓰였던 인디오 동굴에서 보트를 타고 동굴 안을 둘러볼 수 있다. 인디오 동굴에서는 특별한 종유석과 악어머리, 해마 등 다양한 모양의 자연이 빚은 조각들을 구경할 수 있다. 비날레스의 큰 벽화는 선사시대 이전을 상징하며 '인간의 진화'를 의미하는 벽화도 있다.

▲ 비날레스 담배농장

자연경관이 어우러진 이곳은 카리브 해 섬들과 쿠바 지역의 다민족 사회의 풍부한 문화 발전 양상을 잘 보여주고 있다. 이곳은 비옥한 토양과 온화한 기후 덕분에 아프리카 노예를 이용한 농축업과 작물을 경작하기에 적합했다. 시마로네스(Palenque de los Cimarrones)는 탈출한 노예들이 머물렀던 계곡의 동굴 도피처이다. 이곳은 라틴아메리카 조류와 연체동물군의 고향이기도 하다. 비날레스 계곡은 독립전쟁과 쿠바 혁명 기간 동안에 여러 군사 작전의 요충지로 사용되었다. 비날레스는 현대적 삶의 방식에 적응하면서도 예전의 독특한 경관을 매우 잘 보존하고 있다.

■ 트리니다드(Trinidad)

오래된 식민지 시대의 타운으로 1514년에 건설되었으며 쿠바의 7개 원조 마을 중 하나이다. 17세기 역사가 서려 있어 유네스코 세계 유산에 등재되어 있다. 정원과 야자수가 어우러진 트리니다드의 중심 마요르 광장(PlazaMaayor)의 살사는 수많은 방문객들을 운집시킨다. 음악과 춤은 차차 연주에서 절정을 이룬다. 살사에서도 소울이 느껴진다. 음악을 빼놓고는 존재할 수 없다는 쿠바 사람들의 정열과 낭만이 누구에게나 흥을 가져다 준다. 음악과 춤의 도시 트리니다드는 쿠바에 가서 안 가볼 수 없는 곳 중 하나다. 아바나에서 버스로 6시간 정도 걸린다. 트리니다드 야외 공연장에서 라틴라이브와 춤 공연을 하고 공연이 끝나면 일반 관객들이 살

제7장

사를 추며 쿠바 밤의 감흥을 즐긴다. 카리브해의 진주 안콘 해변
노을(Ancon Beach Sunset)은 쿠바 아름다움의 극치이다. 광장을
둘러싸고 있는 저택들은 사탕수수 산업으로 가장 번성했던 시절
에 지어진 것들이다.

마요르광장 주변엔 여러 박물관들이 있었는데 로만티코 박물관은 사탕수수 농장을 가진 부호였던 브루테트(Brunet)가 1808년에 지은 개인 주택으로 침략자들이 쿠바농민들을 착취한 역사가 서려 있는 것 같아 마음이 씁쓸하다. 아이러니 하게도 그리스도의 자비와 사랑을 상징하는 아름답고 고색창연한 프란시스코 교회도 함께 자리하고 있다. 마요르광장 주변 골목길에는 트리니다드 특산품과 수채화풍의 풍경화들을 파는 주민들의 시장이 열린다.

▣ 산타 클라라(Santa Clara)

▲ 산타 클라라의 체 게바라 동상

　쿠바 혁명가 체 게바라가 잠든 도시 산타 클라라는 아바나에서 동쪽으로 280여㎞ 떨어진 곳에 위치한 혁명 도시이자 체 게바라의 도시이다. 세계 젊은이들이 열망하는 혁명의 아이콘 체 게바라를 사랑하는 사람들의 발길이 끊이지 않는 도시이다. 산타 클라라의 시가지 중심에는 정부군과 혁명군의 치열한 접전지였던 총탄 자국이 곳곳에 선명한 비달광장이 있다. 체 게바라를 형상화한 25m 높이의 거대한 청동상이 있는 체 게바라 기념관에는 어린 시절부터 전사하기 전까지의 체 게바라의 모습을 기록한 사진들, 피델 카스트로를 비롯한 여러 사람들과 교환한 서신, 그가 즐겨 쓰던 물건 등이 고스란히 전시되어 체 게바라의 삶을 복원하여 놓았다. 체 게바라의 유해가 안치된 방 옆에는 볼리비아에서 함께 전사한 36명의 전우가 안장되어 있다. 체 게바라를 사랑하는 사람들의 성지에서 자긍심을 가지고 사는 쿠바 사람들의 흥겨운 리듬과 삶을 들여다볼 수 있어서 매력적인 곳이다. 이곳에서 체 게바라는 쿠바 사람들의 진정한 사랑을 받으며 그들의 마음속에 라틴아메리카의 민중해방 게릴라 지도자의 모습으로 살아있다. 그리고 그는 영원한 쿠바혁명의 아이콘이 되었다.

▲ 산타 클라라 시가지

제7장

▣ 산티아고 데 쿠바(Santiago de Cuba)

　항구도시로 수도 아바나 다음인 쿠바 제2의 도시이다. 카리브해를 바라보는 산티아고만에 면해 있으며 시에라 마에스트라 산맥의 남쪽 기슭에 위치한다. 아바나에서 약 750km 떨어진 철도의 종점이다. 식민지 시대 철·구리·망간 등의 광물과 설탕, 커피, 잎담배 등의 수출기지였다. 1514년 스페인에 의하여 건설되었고 카리브해 북부의 전략상 거점으로 1589년까지 쿠바의 수도였다. 미국과 스페인전쟁 때는 이곳에서 격전이 벌어졌고, 1953년 7월 카스트로 혁명군이 이곳에서 몬카다 병영을 습격하였다.

▣ 까마구에이(Camaguey)

　　2008년 유네스코 세계문화유산에 등재된 내륙의 까마구에이 (Camaguey)는 16세기 초 스페인 정복자 디에고 벨라스케스가 일 곱 개의 언덕이 둘러 싼 이곳에 도시를 세웠다. 식민지 자취가 그대 로 남아있고 시골스러운 면모를 곁들인 쿠바 3대 도시로 매력적인 도시다. 미로같은 구불구불한 도시에 예쁜 교회 건물들이 곳곳에 자태를 드러낸다. 평화로운 도시의 전경이다. 까마구에이의 산후 안데디오스 광장(Plaza San Juan de Dios)은 역사지구 중심이다. 까마구에이 역사지구는 식민지 시절 스페인 건축 기술자들이 유 럽의 건축양식을 도입해 만든 역사적 건축물들이 즐비한 곳이다.

제7장

▣ 바라코아(Baracoa)

1492년 12월 크리스토퍼 콜럼버스가 지금의 바라코아에 도착했
다. 신대륙의 정복자로 쿠바를 식민지화 한 스페인 초대 쿠바 총독
인 디에고 벨라스케스는 1512년 바라코아에 최초의 스페인 거주
지를 세웠다. 바라코아는 1518~22년 쿠바의 수도였으며 쿠바 동
부 연안에 위치한 관타나모 주의 도시이다. 쿠바에서 가장 오래된
스페인들의 거주 지역이자 쿠바의 첫 수도였기 때문에 "첫 번째 도
시(Ciudad Primada)"라는 별칭으로 부르기도 한다.

부록

쿠바의 한민족 디아스포라

    한인들의 아메리카 이주사는 1903년 사탕수수 노동자로 101명의 하와이 이주를 시작으로 출발하였다. 사탕수수밭에서의 노동은 고달팠고 채찍과 착취의 고난이었다. 많은 사람들이 공포와 육체적인 괴로움 등으로 도망가거나 병들어 갔다. 이런 것도 모르고 1905년 4월 4일 1,033명의 조선인 노동자가 거짓 광고에 속아 희망의 부푼 꿈을 안고 인천 제물포를 출발해 영국 국적의 '샌 일포드호'를 타고 41일간의 태평양 항해 끝에 5월 8일 멕시코 서남부 살리나 크루스항에 도착했다. 여기서 유카탄의 동북단 항구인 프

▲아메리카 디아스포라 1세대 농장 노동자들

로그레소, 유카탄의 수도 메리다(Merida)로 이동하여 25개 이상의 농장으로 분산됐다가 멕시코 에네켄이라는 선인장 농장에 노동자로 이주를 하였다. 그러나 멕시코 한인 이민 역사는 고단하고 뼈아픈 불운의 이민사였다. 일제 침탈로 망국 민족이 된 한인들은 정치적, 지역적 이유로 고립되고 한민족으로서의 정체성을 상실하였다. 가혹한 착취와 미천한 수입으로 견디지 못한 300여명이 그곳보다 조금 더 낫다는 사탕수수 농장을 찾아 쿠바로 들어갔다. 미국 하와이, 멕시코에 이어 고난의 코리안 아메리카 디아스포라는 예상치도 않던 쿠바까지 흘러 들어갔다.

쿠바에 도착한 한인들은 기대와 달리 국제설탕 값의 하락과 이로 인한 설탕산업의 퇴조로 착취적 임금과 차별을 받고 다시 기구한 삶을 살아가야 했다. 쿠바 한인의 이민 역사는 멕시코 한인 이민자 가운데 300여 명이 보다 나은 삶을 찾으려고 1921년 3월 25일에 쿠바의 마나티(Manati) 항구에 도착하면서 시작되었다. 열악하고 척박한 환경에서도 쿠바로 온 한인들은 멕시코 에네켄 농장으로 다시 돌아가는 것을 포기하고 마탄사스(Matanzas), 카르데나스(Cardenas), 아바나 (Habana) 등지에 정착하였다. 쿠바에 흩어진 한인들은 권익 보호와 신분 보장을 위하여 대한인 국민회, 지방회 같은 공동체를 조직하여 민족 정체성을 지키고 어려운 사정에도 민족 교육 실시와 독립운동 지원 등을 전개하였다. 그러나 이민족, 소수민족으로서의 외국인 관리 규정, 차별적 소외감은 현지 적응 및 정착을 쉽지 않게 하였다. 자연히 쿠바의 한인들은 현지에 동화되어 가기 시작하고 정체성 확립은 사라져 갔다. 쿠바혁명은 한인들의 삶에 대 변화의 기회를 가져왔다. 차별이 없어지고 교육과 의료 등 평등한 사회 복지 혜택을 쿠바인들과 동일하게 누리게 되었다. 이 과정에서 모국과의 단절은 쿠바의 한인들을 사회 문화적으로 완전히 쿠바에 동화되게 하였다.

쿠바에는 현재 약 650여명의 한민족 후손들이 살고 있다. 이들의 선조는 언제 어떻게 쿠바 땅으로 들어와 어떤 삶을 살다 갔을까. 아바나에 있는 한인후손회관을 찾아 카리브해의 한민족사를 추적하였다. 을사보호조약 체결 직전 멕시코 유카탄 반도의 에네켄 농장에 이주해 온, 부채 노예로 팔려온 한인 1천33명 가운데 3백여명이 빈곤과 노예생활에서 벗어나고자 1921년 3월 초 쿠바행 타마울리파스호에 몸을 실었다. 쿠바의 마나티 항구에 내린 한인들은 기대와는 다른 처절한 환경속에서 다시금 에네켄 농장의 잡역부로 비참한 생활을 해야 했다. 일본인과 영국인 브로커의 꼬임에 1905년 멕시코 유카탄 반도의 메리다 지역 에네켄(선박의 밧줄 원료로 사용되는 선인장과의 식물) 농장에 사실상 부채 노예로 집단 이주한 초기 이주자들은 계약기간이 끝날 무렵 국제 설탕 값의 폭등으로 쿠바의 사탕수수 농장 일손이 모자란다는 소식을 들었다. 임금도 제대로 받지 못하는 지옥같은 노예생활에서 벗어나고자 했던 당시 한인들에게는 더 많은 임금과 생활여건이 나은 쿠바는 '약속의 땅'으로 비쳐졌다.

▲ 증언하는 노년의 한인후손 아토니오 김과 페트로 박

　그러나 미지의 땅에서 새로운 삶을 개척해 보려던 이들의 희망
은 도착 첫 날부터 산산히 깨지기 시작했다. 일제시대였던 당시 쿠
바당국은 한인들을 일본인으로 취급하려는 반면 한인들은 일본인
이 아니라고 강력히 맞서면서 결국 무국적자 신분으로 보름이상을
배 안에 갇혀 지내야 했기 때문이다. 불행은 여기서 그치지 않았다.
우여곡절끝에 한인으로 인정받은 뒤 하선했지만 제1차 세계대전
으로 전년까지만 해도 천정부지로 치솟았던 국제설탕가격이 갑자
기 폭락하면서 사탕수수 농장들이 잇따라 파산지경에 이르렀다.
설탕의 과잉공급으로 파산이 속출하면서 사탕수수 농장의 임금은
오히려 에네켄 농장의 임금수준 이하로 떨어진데다 현지인 숙련노
동자들도 대량 해고되는 상황이었다. 한인들은 실업자로 전락하거
나 유카탄 시절의 노예생활을 떠올리며 눈물을 머금고 인근 마탄
사스와 카르데나스의 에네켄 농장에 재취업해야 했다.

쿠바 이주사를 보면 에네켄 농장 잔류 노동자들과 도시진출 사이에는 사회적 빈부 격차가 발생하였으며 쿠바동화 과정에서 혼혈들이 생겨 1970년대 이후 출생한 한인은 거의 모두 쿠바인과의 혼혈이다. 2000년 기준으로 한인은 8개 주 21곳에서 약 650명에서 최대 1,000여 명이 살고 있는 것으로 추정되고 있다. 쿠바에서 고단

▲ 한인 노동자들이 살았던 숙소

한 삶의 여정을 보냈고 지금도 가난하지만 한인 후손들은 쿠바인들처럼 행복하게 낭만적으로 살아가고 있다. 쿠바의 한인사 뒤에는 혁명과정에서 발생한 비극적인 정착역사도 있다.

1959년 쿠바혁명에 따른 한인들의 희비의 역사와 1961년 미국의 지원을 받은 쿠바 반혁명군이 남부 해안 피그스만을 침공했을 때 한인사회의 형제끼리 침공군과 쿠바군으로 갈려 총부리를 들이댔던 비극적인 역사도 있었다.

▲ 쿠바에 첫 상륙했던 동남부 쿠바 마나티(Manati) 항과 아바나에서 가까운 마탄사스 (Matanzas) 엘 볼로(El Bolo, 전 에네켄 농장 자리) 마을에 세워진 한인 정착 기념비

쿠바 한민족 이민사

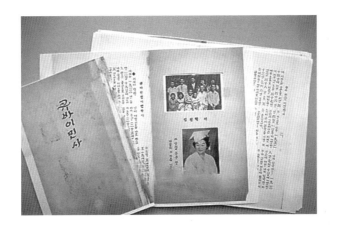

　1905년 멕시코로 이주한 1,033명의 조선인 노동자들이 에네켄 농장에서 열악한 노동착취를 당하며 힘들게 연명하고 있을 때 제1차 세계대전이 끝나면서 쿠바에는 설탕 붐이 일고 있었고 사탕수수농장은 많은 노동자들을 필요로 하게 되었다. 멕시코 유카탄의 여러 농장에 흩어져 있던 조선인들 사이에 쿠바에 대한 이러한 소문이 퍼지면서 이들 일부가 쿠바로 들어간 것이 쿠바 코리안 디아

스포라이다. 사료 기록을 보면 쿠바에 먼저 들어간 이해영 가족이 멕시코 한인들의 쿠바이주 희망자를 모집하여 일차로 1921년 2월 25일 베라크루스 항에서 81명을 태우고 2월 27일 프론테라에, 2차로 98명이 3월 3일에 프로그레소 항구에, 3차로 95명이 3월 6일 출발하여 3월 11일 마나티 항구에 도착하였다. 총 274명이 계약에 따라 마티니 지역의 사탕수수농장에서 집단으로 일하게 됐다. 대부분의 한인들은 마탄사스의 엘 볼로(El Bolo) 농장에 집단적으로 거주하였다. 그러나 불행하게도 국제 설탕가격 폭락으로 제당산업이 사양화 되고 이에 따라 사탕수수농장 노동의 작업량과 노임도 하락하면서 한인 노동자들은 또다시 멕시코 에네켄 농장 수준의 열악한 환경에 직면하게 되었다. 이러한 타격과 어려움을 맞게

▲ 에네켄 농장

된 쿠바 이주 한인사회는 공동체 형성을 통한 활로를 모색하였다.

쿠바에서 세력확장을 꾀하고 있는 일제는 아바나 주재 일본영사관에서 식민지 재외국인도 일본 재외국민으로 등록할 것을 강요하였지만 이를 거부하고 1921년 6월 14일 마탄사스의 한인 60여 명이 중심이 되어 미주 대한국민회 쿠바지방회를 조직하였다. 이를 기반으로 마나티, 카르데나스 등으로 지방 분회가 설립되면서 쿠바 한인사회에도 민족 교육 및 문화사업과 애국 독립운동 참여가 일어나기 시작했다.

▲ 쿠바 판카 엘 볼로 대한국민회의

쿠바지역 한인들은 매년 3·1절이 되면 국민회관에 모여 기념식을 거행하고 쿠바사회와 단절된 채 농장에서 집단생활을 하며 경제적으로 어려운 형편에서도 각종 독립운동 기금을 모았다. 아울러 재미동포들의 협력을 받아 국민회관 건립, 국어학교 민성학교를 세우고 한민족 정체성 고취와 2세 교육에 노력하였다. 이를 주도한 대표적 인물이 임천택(Emesto Lim 1903~1988)이다.

▲ 독립운동가 임천택

경제적으로 어려운 환경에서도 쿠바의 한인들은 망국의 설움을 달래며 조국의 독립운동에 높은 관심을 가졌다. 기금을 모아 국민회 중앙총회와 아바나 소재 중국은행을 통해 중경 임시정부 김구 주석에게 송금했다. 일주일에 겨우 2~3달러를 벌던 한인들이 어렵게 번 돈을 나누어 독립자금, 국민회 경비, 국민회 미주총회에 납부하고, 남은 돈으로 생계를 꾸려갔다. 쿠바의 한인 유적지로는 마나티(Manati) 한인마을, 마탄사스(Matanzas) 국민회관, 핀카 엘 볼로(Finca El Bolo) 한인마을, 아바나(Habana) 국민회관 등이 있다.

쿠바에는 민족교육 독립운동가였던 임천택과 주류사회 쿠바혁명운동의 주도적 위치에 있었던 임천택의 아들 헤레모니 임(임은조) 부자의 한인사가 있다. 피델 카스트로, 체 게바라 와 함께 게릴라 투쟁을 벌이고 고위직까지 올랐던 쿠바 한인 임은조는 쿠바공산당 창건 당원이자 동아바나지역인민위원장으로 선출된 쿠바혁명과 함께한 한민족이다. 쿠바의 한인들 가운데 최초로 종합대학에 입학한 임씨가 쿠바혁명운동에 뛰어든 것은 18살 때인 1940년대. 마탄사스주 종합대학 법학부에 재학하면서 학생운동에 참여한 것이 계기가 되었다. 마탄사스지방의 학생 반정부 투쟁을 주도하면서 반체제 인물로 찍힌 임은조는 아바나로 거처를 옮겨 다시 아바나 종합대학을 다녔다. 여기서 쿠바혁명의 기폭제가 된 '7 · 26

▲ 쿠바의 한인 혁명가 임은조

운동'으로 불리는 무력투쟁노선의 전면에 가담하여 산 속 게릴라투쟁이 아닌 수도 아바나에서의 지하투쟁 도시 게릴라 활동을 하였다. 혁명이 성공하고 혁명정부가 구성될 때 임은조는 체 게바라 부장으로 산업부 차관을 맡는 쿠바의 한인으로서는 최고위직을 역임 하였다.

대한민국과의 관계

쿠바는 아메리카 대륙 국가 중 유일하게 사회주의 국가이자 대한민국의 미수교 국가로 미국과 관계 정상화가 이루어진 현재까지 수교를 맺지 않고 있다. 사회주의 혁명 이전까지는 1950년 한국전쟁 발발 시 UN의 지원에 적극 동참하여 물자원조를 보내주었던 국가였다. 그러나 1959년 쿠바혁명 이후 한국과의 외교관계를 단절하고 반한 국가가 되어 북한과 우방관계를 맺고 있다. 한국에 대해 외교적으로 부정적인 태도를 취했고 주한미군의 주둔을 문제 삼아 한국을 미국의 식민지나 다름없는 국가라고 주장하였다. 쿠바혁명 후 1960년 사회주의 국가 쿠바는 북한과 수교하여 양국은 오랜 우방관계이다. 이와 같은 정치, 경제적 교류로 북한 사람들과 기관들이 수도 아바나를 중심으로 분포되어 있다.

1988년 서울에서 열렸던 하계올림픽 때는 IOC 회원국임에도 불구하고 북한의 동조에 맞춰 불참해 버리기도 하는 등 정치 이외의 분야에까지 한국에 대한 노골적인 반감과 적대감을 보여왔다.

하지만 서울올림픽 직후 냉전 구도가 붕괴되면서 쿠바도 대한민국과 점차 비정치적인 교류를 하고 있다. 1997년에는 양국간 상의 협력의정서가 체결되었고 2005년 9월에는 쿠바 수도 아바나에 KOTRA 무역사무소가 개설되는 등 양국 관계가 점차 변화되어가기도 하였다. 그러나 이는 어디까지나 경제·문화적인 관계 개선일 뿐, 외교적인 관계 개선은 아니다. 아직도 쿠바는 대한민국과의 외교관계 복원은 강하게 거부하고 있다. 쿠바에서 발행된 새 10페소짜리 지폐 뒷면에는 현대중공업에서 쿠바에 납품한 이동식 발전

▲ 아바나의 현대 기아자동차 택시

소가 그려져 있다. 쿠바 전역에 300대가 넘게 설치될 예정이며 쿠바 총 전력수요의 30% 이상을 생산할 정도로 대규모라고 한다. 아바나 호세 마르티 문화원에서는 한국기관이 지원하는 한국어 교습도 진행되고 있으며 제3국을 경유하지만 현대, 기아자동차가 수입되어 택시로 운행되고 있다. 이로 인해 쿠바 주민들이 한국과 한국 문화를 대하는 태도가 호의적이다.

북한과는 1960년 수교한 이래 우호적인 관계를 맺고있으며 평양과 아바나에 양국간 상주 공관이 설치되어 양국간 정치 외교는 활발하다. 피델 카스트로와 북한의 김일성 주석 시대에는 함께 비동맹 운동을 주도할만큼 가까웠으며, 2011년 김정일 국방위원장이 죽자 쿠바 정부는 3일간 애도를 표할 것을 선포하고 정부기관에 조기를 게양했다. 2013년 3월에는 쿠바에서 북한으로 가다 파나마에 기항했던 북한 화물선 청천강호에 MiG-21 전투기와 지대공 레이더 부품이 실려있던 것이 밝혀져 파나마 당국에 억류되는 등 외교 문제가 발생하기도 했다.

끝을 맺으며

　쿠바혁명은 민중해방과 자유, 다양성과 풍부한 문화, 안정화로 쿠바사회를 변화 시키면서 미국이 중심인 한 서구의 세계관에 충격을 주었다. 쿠바혁명은 전 세계 곳곳의 반제국주의 운동의 성장에 기여했다. 혁명정부는 비동맹 운동의 독자적인 주권 외교정책으로 제3세계를 결속하고 혁명 후 결과적 위상을 향상하였다. 소련 동구권 중심의 세계 사회주의의 붕괴는 위기에 처하면서도 지금까지 사회주의 체제를 고수하고 있는 쿠바에 많은 트라우마와 빛과 그림자를 안겨 주었다. 이 과정에서 미국의 봉쇄 정책으로 인한 정치, 경제적 어려움은 혁명과 사회주의가 실패로 가는 것이 아닌가 하는 혁명국가의 정신적인 충격을 주기도 하였다. 이 책은 그런 쿠바의 상황을 인민 사회적 현대사로 조명하고 그려 내는데 초점을 두어 집필하였다.

　1959년 1월 쿠바 혁명의 불길이 민중 승리 혁명으로 발전되자 혁명지도자 피델 카스트로와 체 게바라는 라틴아메리카와 제3세계 시대정신과 이상을 실현한 민중혁명가로 추앙 받으며 전세계인의 마음속에 전설로 남게 되었다. 식민지 유산과 강대국들의 침탈, 지배야욕으로 정체성이 없는 암흑의 아메리카 대륙에서 일어난 주권적이고 역사적인 쿠바 혁명은 중남미 현대사에 있어 대내외적으로 중요한 의미를 지니고 있다. 쿠바 혁명은 그동안 서구세계가 중남미에 대하여 정치, 경제적으로 필요에 따라 가지고 관리할 수 있는 정체성 없는 약소 국가들이라는 이미지를 불식시켰다. 쿠바 혁명은 서구인들에게 새로운 관심을 불러일으키는 계기를 마련해주었다. 이에 따라 서구는 기존에 가지고 있던 시각에서 벗어나 새롭게 중남미를 바라보기 시작하였으며 중남미의 사상과 문화가 서구로 본격적으로 유입되기 시작하였다.

쿠바혁명은 중남미 무장투쟁혁명의 가능성을 증명하면서 중남미 좌파운동사에서 과거와 질적으로 차별되는 조직 노선 전략을 갖추는 계기가 되었다. 쿠바혁명 전 중남미 좌파는 사회변혁에 있어서 강대국 눈치를 보는 개량주의적 자세로 무력을 통한 혁명 가능성에 대해서는 비관적이었다. 쿠바 혁명은 수도가 아닌 주변지역인 시에라 마에스트라 산악지대를 거점으로 한 무장투쟁이 혁명으로 승리할 수 있음을 보여준 중요한 사례가 되었다. 무장투쟁이 정치체제 변화로 성공한 것은 중남미 무장투쟁이 있어 온 이래 쿠바 혁명이 처음이었다. 1990년대 초반까지, 거의 모든 중남미지역에는 독재정권에 대항하는 무장투쟁 게릴라 활동이 지속되었으며 쿠바 혁명은 그들에게 중요한 교훈으로 작용하였다. 쿠바혁명이 중남미 현대사에서 대중을 포함한 지식인으로 하여금 의식의 전환을 가져오게 한 중요한 역할을 하였다.

　현재 쿠바의 모습에서 숭고한 혁명의 기운이 자본주의와 서방의 공격으로 퇴색되어 가는 것이 발견된다. 그러나 빠르게 변해가는 세계의 흐름과 환성에서 쿠바는 여전히 아름답게 한발짝 물러서 있다. 자본주의 세계가 잃어버린 순수한 낭만과 열정, 휴머니즘이 있다. 성공과 부를 위해 치열하게 사는 자본주의 땅의 사람들에 비해 쿠바사람들은 가난하지만 평온하고 행복한 삶을 살아가고 있다. 현지에서 보고 만난 쿠바사람들은 음악과 춤, 친밀과 사랑을 즐기며 세대를 넘어 순수함을 잃지 않고 살아가고 있다. 혁명의 시대가 저물고 있다지만 민중을 향한 혁명은 지금도 계속되고 있다. 주목되는 것은 다시 상륙하는 미국의 양키이즘이 어떻게 어떤 모습으로 쿠바 정치, 경제, 사회를 변질시킬 것인가이다. 벌써 아바나 호세 마르티 국제공항에는 미국인들의 행렬이 줄을 잇고 있다.

참고문헌

Iconografia Martiana
Oficina de Publicaciones del Consejo de Estado, La Hanana, 1985

Los Dias Gloriosos de un Batalla
Aurelia Ediciones S. L., 2007

En Marcha Con Fidel
Editorial Letras Cubanas, 1982

Che Guevara
Aurelia Intyernational S. A., 2006

Fidel
Visual America, 1996

La Havana
Zoila Lapique Becali, 2013

Insight Guides Cuba
Insightguides. Com, 2014

National Geographic Cuba
National Geographic Washington D. C. 2014

The Old Man and the Sea
Scribner New York, 2003

A History of the Cuban Revolution
Aviva Chomsky, 2013

The Other Side of Paradise: Life in the New Cuba
Julia Cooke, 2014

Trading with the Enemy: A Yankee Travels Through Castro's Cuba
Tom Miller, 2008

The New Cuba?
Enrique Krauze, 2015

Cuban Revelations: Behind the Scenes in Havana
Marc Frank, New York Times, March 19, 2015 Issue

The History of Havana
Dick Cluster, 2008

DK Eyewitness Travel Guide: Cuba
DK Publishing, 2013

Cuba - Culture Smart!
Mandy Macdonald, 2006

Cuba: A Short History
Leslie Bethell, Cambridge University Press, 1993

Latin America and the World Economy since 1800
John H. Coatsworth, Harvard University Press, 1999

Cuba: A New History
Richard Gott, Yale University Press, 2005

카리브해 혁명광복史
떠오르는 쿠바

지 은 이 ㅣ 이창주

펴 낸 이 ㅣ 윤관백
펴 낸 곳 ㅣ 도시출판 선인

편 집 교 정 ㅣ 오미혜, 남가영
info@koreanglobalfoundation.org

인 쇄 일 ㅣ 2015년 11월 20일
발 행 일 ㅣ 2015년 11월 25일

등   록 ㅣ 제5-77호(1998.11.4)
주   소 ㅣ 서울시 마포구 마포대로 4다길 4 곳마루빌딩 1층
전   화 ㅣ 02)718-6252/6257
E - m a i l ㅣ sunin72@chol.com
Homepage ㅣ www.suninbook.com

정가 18,000원

ISBN 978-89-5933-938-9 03300